수업에 바로 써먹는
AI 시대 문해력 도구 30

**수업에 바로 써먹는
AI 시대 문해력 도구 30**

1판 1쇄 발행	2025년 5월 15일
지은이	전보라
감수자	허제민
펴낸이	한기호
책임편집	서정원
편집	박예슬, 송원빈, 이선진
본부장	여문주
마케팅	윤병일, 신세빈
경영지원	김윤아
디자인	블랙페퍼디자인
인쇄	예림인쇄
펴낸곳	(주)학교도서관저널
	출판등록 제2009-000231호(2009년 10월 15일)
	주소 04029 서울시 마포구 동교로12안길 14(서교동) 삼성빌딩 A동 3층
	전화 02-322-9677
	팩스 02-6918-0818
	전자우편 slj9677@gmail.com
	홈페이지 www.slj.co.kr

ISBN 978-89-6915-185-8 03370

© 전보라 2025

- 이 책은 저작권법에 따라 보호를 받는 저작물이므로 무단 전재와 무단 복제를 금합니다.
- 책값은 뒤표지에 있습니다.

전보라 지음
허제민 감수

수업에 바로 써먹는
AI 시대
문해력 도구
30

학교
도서관
저널

서문

인공지능 시대에 지혜롭게
문해력 수업을 실천하는 방법
읽고 쓰기의 기본을 지켜야 활용도 가능하다

인공지능이 소설을 쓰고, 노래를 만들 거라는 말은 화성으로 100만 명을 이주시키겠다는 일론 머스크의 계획처럼 현실감이 들지 않았다. 인공지능과 교실 사이의 거리를 화성과 지구 사이의 거리로 계산하다가 '새로운 것을 접해 보거나 하자'라는 마음으로 ChatGPT에 접속하여 첫 대화를 나눴다.

 인공지능의 시대 문해력 수업은 어떠한 방향으로 나아가야 할까?

 AI 시대의 문해력 수업은 단순히 읽고 쓰는 능력에 그치지 않고, 디지털 환경에서의 정보 평가 능력, 비판적 사고, 창의적 문제 해결 능력, 자기주도적 학습 능력, 인공지능과의 상호작용 능력을 함께 길러 주는 방향으로 나아가야 합니다.

    ChatGPT와의 첫 만남은 기대 이상이였지만, '과연 문명의 최전선에 있는 도구를 수업에 쓸 수 있을까?'라는 질문을 남겼다. 동료 선생님들과 ChatGPT 사용 후기를 나누었다. ChatGPT를 한두 번 사용해 본 선생님들은 기대감과 불안감을 동시에 드러냈다.
    "수업에 사용하려면 기능이 조금 더 개선되어야 하지 않을까요?"
    "시간과 정성을 들여 깊이 고민하면서 뭔가 배울 수 있는 여지를 ChatGPT가 차단하는 게 아닐까요?"
    선생님들과 머리를 맞대고 고민하고 있는데, 학생들은 한 번의 프롬프팅으로 "그래 이거야!"를 외치며 인공지능이 제시한 응답을 복사하여 붙여 넣고 과제를 끝냈다. 모르는 것을 알기 위해 책을 찾아 도서관을 헤매고, 선생님을 찾아가 묻고, 친구와 머리를 맞대고 토론한 끝에 해답을 찾는 노력을 생략한 채 ChatGPT의 응답을 최종 결과물로 제출했다. 지식을 구성하는 주체로서의 권한을 인공지능에게 넘기고 ChatGPT에 의존하는 학생들을 보며, 인공지능과 공존하는 방법을 모색하는 것으로 생각의 방향을 바꿨다. 우리는 결국 고도화된 인공지능 시대에서 의사소통하며 살아갈 테니까.

그렇다면 인공지능 시대에서 지속 가능한 인간적 읽기, 쓰기를 할 수 있는 방법은 무엇일까? 질문을 잘하고 인공지능의 텍스트를 파악하는 문해력이 중요하다고 하는데, 그 힘은 어떻게 길러 줘야 할까? 주렁주렁 열리는 질문을 저장하고, 방안을 찾기 시작했다. 하지만 인공지능을 다루는 교육서나 안내서는 인공지능의 기법과 원리, 프롬프트 가이드라인에 대한 설명만 가득하여 질문에 답변해 주지 못했다. 속 시원하게 인공지능을 '생각의 도구'로 활용하는 방법을 알려 주는 책을 찾기 어려웠다. 그래서 인공지능 데이터의 구성 원리와 한계를 파악하고, 대화를 나누며 인공지능을 활용하는 문해력 수업을 찬찬히 시도하며 알아 가기로 했다. 이 수업을 통해 학생들을 관찰하며 인공지능의 파도 속에서 하나하나 익혀야 하는 일들이 무엇인지 알게 되었고 질문의 답을 찾을 수 있었다.

읽고 쓰기에 인공지능이 더해진 지금 생태계에서 무엇보다 중요한 것은 나 자신이 지식을 구성하는 주체가 되어야 한다는 마음이다. 인공지능에만 의존하려는 마음을 내려놓고, 여러 텍스트를 읽고 소화하여 창의적으로 재구성하는 문해력의 실천을 이어 가야 한다. 인공지능을 독서 리터러시, 미디어 리터러시, 비주얼 리터러시, 성찰 리터러시와 같은 다양한 리터러시 중의 하나로 이해하고 지식의 구성자로서 기본을 갖춰야 주도권을 챙길 수 있다.

이 책은 인공지능과 공존하며 살아갈 학생들과 읽고 쓰기 수업을 할 때, 무엇을 중심에 두고 수업을 구현해 나가면 좋을지 설명하는 안내서이다. 인공지능에게 휘둘리지 않고 인공지능과 협업할 수 있도록 다양한 예시와 가이드라인을 제공한다. 인공지능을 통해 무수한 정보에 접근하게 되었지만, 그것만으로 충분하지 않아서 물음표를 떠올리는 학생과 교수자가 많다. 이들을 비롯해 AI 시대에서 지속할 수 있는 인간적 읽고 쓰기의 방법을 궁금해하는 사람들이 이 책을 길잡이 삼아 질문의 답을 찾아 나가길 기대한다.

이 책은 크게 여섯 장으로 나뉜다. 1장에서는 앎의 기반을 다지기 위해 배경지식을 넓힐 수 있는 여러 방법을 소개한다. 글의 주제와 구조에 대한 배경지식을 활용하는 방법, 배경지식이 충분하지 않을 때 배경지식을 넓혀 가는 방법을 살펴본다.

2장에서는 질문하며 읽고 생각하는 방법을 다룬다. 인공지능에 가치를 담아 질문할 수 있도록 자료를 읽고 여러 관점을 검토하여 다양하게 질문하는 법을 소개한다.

3장에서는 신문, 뉴스레터, 잡지, 뉴스 빅데이터 등 여러 텍스트를 읽고 그 속에 숨겨진 의미를 파악하여 비판적으로 해석하는 방법에 대한 이야기를 나눈다. 다양한 물성의 자료를 깊이 있게 읽고 쓸 수 있어야 인공지능의 오류를 파악할 수 있다.

4장에서는 읽고 소화한 내용에 나의 소리를 담아 다면적으로 표현하는 방법을 소개한다. 리터러시의 세계에 시각 자료가 증가한 만큼 이미지로 소통하는 방법을 다룬다.

5장에서는 인공지능과 지혜롭게 협업하는 방법을 다룬다. 언어적 텍스트를 인공지능을 활용해 음악과 그림으로 표현하는 방법, 인공지능의 매끈한 문장에 기죽지 않고 내용의 진위 여부를 검증하는 방법, 인공지능의 보이지 않는 이면을 읽고 비판적으로 사유하는 방법을 제시한다. 이를 통해 인공지능과 협업하는 것의 의미와 가치를 평가한다.

6장에서는 읽고 쓰기의 과정을 되돌아보며 평가하는 방법에 대해 이야기를 나눈다. 글쓰기 과제를 ChatGPT로 대신할 수 있다는 것에 대한 염려가 가득한 지금, 문해력 실천의 '결과물'을 평가하는 방식에서 벗어나 문해력 실천의 '과정'을 스스로 돌아보고, 벗과 나누며 평가의 균형을 이루어 가는 방법을 살펴볼 것이다. 지금부터 인공지능 시대에 필요한 문해력을 알아보며, 이를 키우기 위한 수업의 여정에 올라 보자.

차례

서문 5

1장
배경지식으로 앎의 기본기를 다지는 문해력

1. 곁텍스트로 배경지식 쌓기: 미리보기 **17**
2. 핵심어로 주제 배경지식 넓히기: 예측하기 **26**
3. 논리 지식을 활용하며 읽기: 글의 틀 **32**
4. 이야기 구조에 대한 지식을 활용하며 읽기: 이야기 구조도 **40**
5. 사건의 흐름에 대한 지식을 활용하며 읽기: 플롯 다이어그램 **48**

2장
질문으로 키우는 문해력

1. 용기 내어 질문 쏟아내기: 퀘스천스토밍 **57**
2. 후속 질문으로 깊이 있는 학습하기: KWLS **64**
3. 답을 의심하고 또 의심하기: 물음표를 붙이며 읽기 **73**

4 다양한 층위의 질문 만들기: 질문의 틀 **81**

5 정보의 정확성을 스스로 평가하고 높이기: CRAAP **91**

3장
여러 텍스트로 답을 찾아가는 문해력

1 최신 사례로 답 검증하기: 신문 기사 **101**

2 알고리즘에서 벗어난 세상 읽기: 뉴스레터 **110**

3 인공지능에 없는 삶의 문제 만나기: 잡지 **120**

4 빅데이터로 문제 해결하기: 뉴스 빅데이터 **129**

5 확실한 대안을 찾아 심화 탐구하기: 학술기사 **137**

4장
이미지로 소통하는 문해력

1 사라지는 정보를 붙잡아 정교화하기: 개념도 그리기 **151**

2 비언어적으로 표현하기:
그림으로 연결하기 **158**

3 많은 정보를 한 장으로 전달하기:
인포그래픽 만들기 **165**

4 핵심 내용을 한눈에 쏙 들어오게
시각화하기: 포스터 그리기 **177**

5 디지털 언어로 작품을 재창작하기:
이모지로 번역하기 **189**

5장
인공지능으로 확장하는 문해력

1 연쇄적인 질문으로 주제를 탐구하기:
질문연속체 **199**

2 생성형 AI의 답을 팩트체크하기:
알아채기 **210**

3 독서 내용을 그림으로 표현하기:
이미지 생성형 AI로 그리기 **218**

4 작품을 음악으로 재창작하기:
음악 생성형 AI로 주제가 만들기 **225**

5 인공지능의 생산 윤리 파악하기:
인공지능의 이면 읽기 **233**

6장
과정을 평가하며 성찰하는 문해력

1 주인 의식을 갖고 되돌아보기:
  자기 성찰 평가 **243**

2 읽고 쓰기의 과정을 스스로 돌아보기:
  PMI 차트 **250**

3 팀플레이 과정을 되돌아보기:
  동료 평가 **256**

4 말하며 경청과 공감의 힘을 키우기:
  구술 평가 **263**

5 개인의 생각을 전체에 공유하기:
  질문 갤러리 워크 **269**

참고문헌 **277**

1장
배경지식으로 앎의 기본기를 다지는 문해력

동희는 '정치와 법' 시간에 법률안 작성 과제를 부여받고, ChatGPT에 접속했다. '디지털 교과서가 필요한가?'라는 물음에서 출발하여 <AIDT에 관한 청소년 보호 법률안>에 대해 프롬프트를 입력했다.

 'AIDT 위험에 관한 청소년 보호법' 법률안을 써 줘.

ChatGPT는 'AIDT'를 'AI에 의한 디지털 테러digital terror'로 해석한 답을 제시했다. 동희는 엉뚱한 답, 조문과 부칙의 형식을 갖추지 못한 법률안을 보고 나서 2차 질문을 넣었다.

 주요 내용, 조문, 부칙의 형식으로 'AIDT 위험에 관한 청소년 보호 법률안'을 써 줘. AIDT란 Artificial Intelligence Digital Textbook의 줄임말이야.

여기에서 알 수 있는 것은 프롬프팅 과정에서도 배경지식이 적극적으로 활용된다는 사실이다. 이 배경지식에는 'AIDT'라는 주제 관련 지식, 법률안이라는 글쓰기 형식에 대한 지식이 포함된다. 주제와 글쓰기에 대한 지식을 가지고 있을 때 좋은 프롬프트를 생성할 수 있으며, 데이터의 오류를 찾아 후속 조치를 할 수 있다는 것을 방증한다.

그렇다면 인공지능의 시대에 배경지식과 생각하는 힘을 어떻게 키워 나갈 수 있을까? 주제에 관심을 가지고 양서를 꼼꼼히 읽으면 내 안에 주제 배경지식, 글 구조에 대한 논리 지식을 함께 쌓을 수 있다. 이번 장에서는 앎의 기반을 다지는 방법을 제시한다. 주제에 대한 배경지식을 넓힐 수 있도록 책의 곁텍스트 읽기, 핵심어로 내용 예측하기를 다룬다. 또한 논리 지식을 채울 수 있는 글 구조를 제시하고, 이야기 글의 흐름에 대한 지식을 활용하게 만드는 플롯 다이어그램을 함께 소개한다.

1
곁텍스트로 배경지식 쌓기: 미리보기

　인공지능 시대에 지식을 구성하는 주체로 탐구를 이어 가려면 덕후의 마음으로 한 권의 책을 꼼꼼하게 읽고 체화하는 경험이 필요하다. 이때 읽어야 할 것은 책의 내용뿐 아니라 겉표지, 삽화, 책 날개 등 책의 외적인 부분도 포함한다. 초보 독자의 경우 책을 읽기 시작할 때 본문부터 펼치고 책의 내용만 서둘러 읽으려는 경향이 있다. 책의 제목, 표지, 목차, 머리말, 삽화 등 곁텍스트paratext가 텍스트를 이해하는 데 필요한 배경지식이 될 수 있다는 사실을 놓치는 것이고, 책의 내용을 함축적으로 상징하는 제목과 책의 내용을 일목요연하게 보여 주는 목차를 활용하지 못하는 것이다.

　책을 읽기 전에 곁텍스트를 살펴보며 '미리보기'를 하면 대략적인 책의 정보를 파악하고 본문 읽기를 시작할 수 있다. 또한 곁텍스트 읽기를 통해 '생소한 주제의 낯선 저자가 쓴 글이지만 믿고 읽어

볼 수 있겠구나', '적어도 중간에 이 책을 던져 버릴 일은 없겠구나', '내 소중한 시간을 투자해서 읽어도 괜찮겠구나' 등의 생각을 하며, 흥미를 갖고 책 읽기의 각오를 다질 수 있게 된다.

곁텍스트 읽기

'곁텍스트 읽기'란 책을 읽기 전에 책의 앞면과 뒷면, 제목, 저자의 이름, 책의 두께 등을 미리 살펴보는 것이다. 제목이나 그림을 보고 글의 단락을 인지한 후 각 단락의 첫 문장과 마지막 문장을 읽고 글 속에 있는 이름이나 수, 날짜, 눈에 띄는 단어를 주목하여 보는 전략이다. 곁텍스트 읽기 방법 중 하나인 'CATAPULT[1]'는 다음과 같은 내용에 주의하며 책을 살펴보는 것이다.

- C^{Covers}: 책의 앞면과 뒷면을 보고 어떤 내용일지 상상한다.
- A^{Author}: 책날개를 통해 작가의 배경과 작가의 다른 책이 있는지 알아본다.
- T^{Title}: 책 제목을 읽고 어떤 내용일지 상상한다.
- A^{Audience}: 다른 독자의 반응을 살펴본다.
- P$^{Page\ 1}$: 책의 첫 장인 목차를 읽고, 내용을 예측한다.
- U$^{Underlying\ message\ or\ purpose}$: 책의 서문을 읽고 내용 범위와 목적을 파악한다.

- L^{Look the reference in the text}: 참고문헌 목록이 책과 어떤 관련성을 맺고 있을지 예상한다.
- T^{Time, place, characters}: 책 속의 그림, 지도, 사진을 훑어보고 시간, 장소, 인물에 대해 예측한다.

 ## 문해력 수업

레이첼 카슨의 『침묵의 봄』을 읽기 전에 CATAPULT 활동을 통해 책을 미리 살펴보며 배경지식을 넓히는 시간을 가졌다. 주제에 관한 흥미를 유발하고 배경지식을 환기하는 것을 목적으로 삼았다.

C^{Covers} 책의 앞면과 뒷면을 보고 상상하기

책의 앞면과 뒷면을 관찰해 본다. 책 속에서 다루게 될 시간과 장소, 인물을 떠올린다.

책 앞면에 죽은 새가 크게 보이고, 뒷면에도 떨어진 작은 나뭇잎이 보인다. 초록빛처럼 생명이 느껴지는 색으로 표현하지 않고, 흑백으로 죽은 새와 낙엽을 담은 것으로 보아 환경 문제에 대한 이야기가 펼쳐질 것으로 보인다.

A^{Author} 작가에 대해 알아보기

책날개를 읽고, 작가의 배경과 작가의 다른 책이 있는지 파악한다. 번역서인 경우 뒷날개에서 번역가에 대한 정보를 찾아본다. 꼭 읽고 싶은 책이 우리말로 번역되어 있지 않아 번역기를 돌리며 원서를 읽어 본 경험이 있는지 떠올리고, 번역이 얼마나 대단한 일인지도 생각한다.

레이첼 카슨

〈타임〉이 선정한 20세기를 변화시킨 100인 가운데 한 사람이며, 환경의 중요성을 일깨워주었다. 존스홉킨스 대학에서 해양 생물학을 공부했으며, 해양 생물학자로 일하다가 글쓰기에 전념하기 위해 1952년 그만두었다. 전작으로 『바닷바람을 맞으며』, 『우리를 둘러싼 바다』를 썼다.

T^{Title} 책의 제목을 읽고 상상하기

책을 읽기 전 차근차근 책의 제목과 부제를 살펴보고, 번역서라면 원제가 무엇인지 확인한다. 책 띠지가 있는 경우 광고 문구를 통해 무엇을 알 수 있는지 떠올린다.

- 제목: 침묵의 봄
- 원제 또는 부제: Silent Spring
- 알 수 있는 내용

나는 (생태계에 인간들이 미치는 영향과 상황을 알려주는 내용이)라고 예측(짐작)한다.

왜냐하면 (침묵과 봄이라는 단어가 이질감이 있고 어울리지 않게 느껴지기) 때문이다.

A^{Audience} 다른 독자의 반응을 살펴보기

인터넷 서점의 서평 등 메타평가 글을 읽고, 다른 사람이 해당 도서를 어떻게 생각하는지 반응을 살펴본다.

'네이버 도서' 정보에 의하면 『침묵의 봄』은 5점 만점에 평균 별점 4.5점이다. 한 리뷰어는 50년 전 살충제의 위험성과 자본주의 사회의 야만성을 고발한 점이 놀랍다고 후기를 작성했다.

P^{Page 1} 책의 첫 장인 목차를 읽고, 내용 예측하기

지도를 보면서 전체를 가늠해 보듯이, 책의 목차를 읽으며 어떤 내용이 담겨 있을지 생각한다. 목차 구성을 살핀 후 소제목 중 가장 마음에 드는 제목을 고르고 마음에 든 이유를 쓴다.

- **마음에 든 소제목**: 새는 더 이상 노래하지 않고
- **마음에 든 이유**: 새들이 지저귀는 소리를 듣는 것을 좋아하는데, 더 이상 노래하지 않는다고 쓰여 있어 왜 그런지 궁금해서 고르게 되었다.
- **예상한 내용**: 인간이 돈을 벌기 위해 새들의 먹이, 살고 있는 터전에 화학 물질을 살포하여 새들이 서서히 죽어갈 것이라는 이야기를 할 것이다.

U Underlying message or purpose 책의 서문을 읽고 목적 파악하기

머리말을 읽으며 책에서 다루는 내용의 범위, 목적, 저자의 호기심과 질문 등을 파악한다.

- **책의 주제 범위**: 인간과 자연환경의 관계
- **저자가 책을 쓴 이유**: 유독성 화학 물질이 지구 생태계 전체에 끼치는 문제를 고발하며, 인간과 자연의 관계를 재평가해야 한다는 메시지를 전달하기 위해

L Look at the reference in the text 참고문헌 살펴보기

참고문헌은 저자가 책을 쓰기 위해 참고한 수십 권의 도서를 한 권의 책으로 정리한 엑기스이다. 정보의 홍수 속에서 가치 있는 정보를 가려냈을 저자의 노력을 생각하며, 참고문헌과 책의 관련성

을 예상한다.

참고문헌이 40쪽 분량이며, 100개가 넘는 과학 논문과 보고서로 주장을 뒷받침할 것이다.

T Time, place, characters **책 속 시각 자료를 보고 이야기 예측하기**
책 속 그림, 지도, 사진을 훑어보고 인물이나 이야기를 예측한다.

곤충 방제를 위해 희생된 동물, 강에서 살아가는 어류와 곤충 등의 그림이 각 장별로 담겨 있다. 살충제가 인간, 자연에 미치는 문제를 말할 것이다.

겉텍스트 읽기 활동을 하다 보면 엉뚱한 답을 말하거나 쓰는 학생이 있다. 이런 경우 책을 읽어 가며 수정할 수 있으므로 다양한 의견을 수용한다. 만약 어린 학습자를 대상으로 진행한다면 겉텍스트 중 책의 표지, 목차, 책 속 시각 자료를 간단하게 살펴보도록 한다. 본문 읽기에 앞서 힘을 빼지 않는 선에서 활동을 변형시켜 운영하는 것이 좋다.

> **'겉텍스트로 배경지식 쌓기'를 지도할 때 참고하기 좋은 자료**
> 『활동 중심 독서 지도』 천경록 외 지음, 교육과학사

학생이 작성한 곁텍스트 읽기 활동지

09.23		CATAPULT 미리보기		학번 :	이름:
도서명	침묵의 봄		저자명	레이첼 카슨	출판사	에코리브르

C Covers 책의 '앞면'과 '뒷'면을 보고 이야기가 어떤 내용일지 상상해 보세요.(시간, 장소, 인물 등)

나무, 새, 나비, 벅, 벌레 등 여러 자연과 연결된 생물들을 보고 자연과 관련되고 그 자연과 연결된 무리들이 내용일 것 같다. 생명체를 그림자 같이 표현한 것으로 보아 어두운 면을 보여주는 것 같다.

A Author '책날개'를 읽고, 작가의 배경과 읽을 책과 관련된 작가의 다른 책이 있는지 파악하여 쓰세요.

레이첼 카슨은 존스홉킨스 대학교에서 해양생물학 석사 학위를 받고, <해류의 선>에 자연에 대한 기사를 발표했다. 1936년부터 미국 어류 야생동물국에서 해양생물학자로 일하다 1952년 그만 두었다. 자연에 관련된 책으로는 <우리를 둘러싼 바다>, <바닷바람을 맞으며>, <바다의 가장자리>가 있다.

T Title '제목'으로 알 수 있는 내용을 적어보세요.

☐ 표제(Title): Silent Spring
☐ 부제(Subtitle): 침묵의 봄
☐ 알 수 있는 내용
나는 생태계에 인간들이 미치는 영향과 상들을 알려준다 라고 예측(짐작)한다.
왜냐하면 침묵과 봄이 어직접있고 어울리지 않게 느껴지기 야거 때문이다.

A Audience 다른 사람은 이 책에 대해 어떻게 생각하는지 '반응'을 살펴보세요.

평점 9.7 (평균) 처음엔 그저 과학&환경 관련 책이라고 생각했는데 그런 책이 아니라 산충가의 중요성이 대한 알고 위험성을 인지해야 50년이 넘은 책이라는게 놀랍다고 후기를 작성했다.

P Page1 책의 첫 장인 '목차'를 읽고 자료 안에 어떤 내용이 담겨 있을지 써보세요.

☐ 마음에 드는 소챕터의 제목: 인간이 치러야 할 대가

☐ 마음에 든 이유: 인간이 생각 생태계에 이친 안좋은 영향을 되돌려 주는 제목

☐ 예상한 내용: 자원순환과 같이 되돌려 받는 내용일 것 같다.

U Underlying message or purpose
'머리말'을 읽고 저자가 다루는 책의 주제 범위와 책을 쓴 목적에 대해 써보세요.

☐책의 주제 범위 생명의 가능성
☐저자가 책을 쓴 이유 생태계의 어려움에 대해 경각심을 주기 위해서 책을 쓴 것 같다.

L Look at the reference in the text
'참고문헌 목록'이 이 책과 어떤 관련성을 맺고 있을지 예상해 보세요.

살충제가 인간 그리고 또 생명체에게 미치는 영향에 대한 실험내용으로 관련성을 맺고 있을 것 같다.

T Time, place, characters
책 속의 '그림, 지도, 사진'을 훑어보고 이야기 또는 인물에 대해 예측하여 쓰세요.

생태계, 영속제, 새들에 대해 자세히 알게 해주는 내용일 것 같다.
어떤 영향을 미치는지

곁텍스트로 배경지식 쌓기

도서명		저자명		출판사	

C	Covers 책의 앞면과 뒷면을 보고 이야기가 어떤 내용일지 상상해 보시오.
A	Author 책날개를 읽고, 작가의 배경 및 읽을 책과 관련지어 작가의 다른 책이 있는지 파악하여 쓰시오.
T	Title 제목으로 알 수 있는 내용을 적어 보시오.
	☐ 표제(Title):
	☐ 부제(Subtitle):
	☐ 알 수 있는 내용
	나는 _____ 라고 예측(짐작)한다.
	왜냐하면 _____ 이기 때문이다.
A	Audience 다른 사람은 이 책에 대해 어떻게 생각하는지 반응을 살펴보시오.
P	Page1 책의 첫 장인 목차를 읽고 자료 안에 어떤 내용이 담겨 있을지 써보시오.
	☐ 마음에 드는 소챕터의 제목:
	☐ 마음에 든 이유:
	☐ 예상한 내용:
U	Underlying message or purpose 머리말을 읽고 저자가 다루는 책의 주제 범위와 책을 쓴 목적에 대해 써보시오.
	☐ 책의 주제 범위
	☐ 저자가 책을 쓴 이유
L	Look at the reference in the text 참고문헌 목록이 이 책과 어떤 관련성을 맺고 있을지 예상하시오.
T	Time, place, characters 책 속의 그림, 지도, 사진을 훑어보고 이야기 또는 인물에 대해 예측하여 쓰시오.

1장 배경지식으로 앎의 기본기를 다지는 문해력 25

핵심어로 주제 배경지식 넓히기: 예측하기

배경지식을 갖추고 독서를 할 경우 스스로 텍스트에서 의미를 추론하고, 기억하며, 이해하는 과정을 순조롭게 밟아 나갈 수 있다. 마찬가지로 인공지능을 활용할 때도 배경지식을 갖추고 있으면 필요한 정보를 얻을 수 있는 좋은 프롬프트를 생성할 수 있고, 데이터의 오류를 쉽게 찾고 신속하게 후속 조치를 할 수 있다.

배경지식을 활성화할 수 있는 방법에는 여러 가지 전략이 있는데, 그중 '핵심어로 내용 예측하기'는 간단하면서도 유용하다. 교사가 책을 미리 살펴보고 책에 대한 중요한 정보나 사건의 구성과 관련된 핵심어를 제시하면, 학생이 핵심어를 연결하여 책의 내용을 예상하는 활동이다.

핵심어로 내용 예측하기[2]

- **개념**: 책을 읽기 전에 먼저 핵심어로 내용을 짐작하는 활동
- **효과**
  - 학생들은 책을 읽기 전에 중심 내용에 대한 단서를 제공받아 배경지식을 활성화할 수 있다.
  - 학생들은 책을 읽으면서 자신의 예측이 맞는지 확인하기 위해 능동적으로 글을 읽을 수 있다.
  - 책을 읽고 나서 자신이 갖고 있던 잘못된 정보를 명확히 판정하고 교정하는 효과를 얻을 수 있다.

문해력 수업

국어 시간에 환경 도서를 읽기 전 핵심어로 내용 예측하기를 했다. 수영장에서 입수 전 준비 운동을 하듯이, 읽기 전에 책 속에서 펼쳐질 내용을 이야기로 쓰며 내용을 짐작하면 책의 내용을 더 잘 이해할 수 있다.

활동 이해하기

교사는 『나는 풍요로웠고, 지구는 달라졌다』의 핵심어를 연결

하여 만든 이야기를 예시 자료로 보여 준다. 설명을 통해 핵심어로 내용을 예측하는 방법을 학생들에게 이해시킨다.

핵심어로 책의 내용 예측하기 예시

도서	핵심어	핵심어를 연결하여 이야기 만들기
(나는 풍요로웠고 지구는 달라졌다)	인류, 생명, 식량, 에너지, 지구, 풍요, 실천하다, 생산, 소비	인류가 생명과 식량, 에너지를 과도하게 소비하여 지구 생태계를 파괴한 과정을 설명하고, 풍요 속에서 살아가는 우리가 지속가능한 생산 방식으로 지구를 살리기 위해 행동하고 실천해야 한다는 메시지를 전달할 것이다.

핵심어를 활용하여 이야기 꾸미기

학생은 책을 읽기 전에 선생님이 제시한 핵심어를 천천히 살펴본다. 만약 핵심어의 뜻을 몰라 예측하기가 어렵다면 인터넷 사전에서 뜻을 찾아 읽는다. 핵심어의 뜻과 개념을 명확히 알고 있다면, 책의 내용을 예상하며 핵심어를 연결하여 이야기를 쓸 수 있다.

도서	핵심어
	바다, 인간, 지구, 해양 생태계, 재앙, 바다 동식물 남획, 자연 순환, 방사능 폐기물

핵심어를 연결하여 이야기 만들기 예시

(학생A) 바다에서 인간들은 바다 동식물 남획, 방사능 폐기물을 버려 오염시키고 있으며 해양 생태계의 자연 순환 문제를 발생시키고 있다. 지구에 재앙을 일으키는 행동을 중단하고, 국가적·사회적·개인적 노력을 기울여야 한다.

(학생B) 인간의 바다 동식물 남획, 방사성 폐기물 배출로 자연 순환 문제가 생겼으며, 지구에 기상 이변과 같은 재앙을 끊임없이 가져올 것이다. 우리는 미래 세대를 위해 관심을 가지고 해양 생태계를 보호해야 한다.

(학생C) 방사능 폐기물, 바다 동식물 남획과 같이 인간이 바다에 끼친 피해는 해양 생태계를 무너트리고, 바다의 생물 종 다양성을 감소시키며, 자연 순환을 불가능하게 만든다. 결국 이 문제는 지구 전체에 재앙을 불러일으켜 인류에게 고통을 줄 것이다.

책을 읽은 후 예측한 내용과 비교하기

책을 읽기 전 핵심어를 연결하여 이야기를 쓰는 것으로 활동을 마칠 수 있지만, 텍스트를 다 읽은 후에 파악한 글의 내용과 사전에 예측했던 내용을 서로 비교하는 활동도 할 수 있다. 이렇게 하면 학습 내용을 강화할 수 있고 자신의 생각을 반성적으로 되돌아보게 된다.

'핵심어로 내용 예측하기'를 할 때 학생들은 교사가 제시한 핵심어를 찾고 그 단어들이 어떻게 활용됐는지 파악하는 과정에서 주의를 기울이며 책을 읽는다. 이 활동을 계획하고 진행할 때 주의해야 할 사항이 몇 가지 있다. 첫째는, 책 내용과 수준에 따라 핵심어 수를 적절히 조절하는 것이다. 둘째는, 핵심어를 활용해 이야기를 꾸밀 때는 글쓰기 대신 말로 표현할 수도 있다는 것이다. 셋째는, 이야기 작성을 어려워하는 학생들의 부담을 덜어 주어야 한다는 것이다. 그 학생들에게 정답·오답은 중요하지 않으며, 텍스트를 읽은 후 일치·불일치를 확인하는 것일 뿐이라는 점을 알리며 부담을 덜어 준다.

'핵심어로 주제 배경지식 넓히기'를 지도할 때 참고하기 좋은 자료
『활동 중심 독서 지도』 천경록 지음, 역락

핵심어로 내용 예측하기

| 도서명 | | 저자명 | | 출판사 | |

핵심어

제시된 핵심어를 연결하여 이야기를 작성하시오.

3

논리 지식을 활용하며 읽기 :
글의 틀

한국형 ChatGPT라고 불리는 뤼튼^{wrtn}에 접속하니 대화창 아래 블로그, 레포트, 자기소개서, PPT 초안 메뉴가 보인다. 메뉴에 없는 양식의 글을 얼마나 쓸 수 있는지 궁금해서 챗봇을 통해 다양한 글쓰기를 요청했다. "지역 의료 격차를 줄이기 위한 법률 개정안을 작성해 줘.", "학교 밖 청소년 지원을 위한 청소년 소셜 벤처 기업을 설립하려고 하는데, 제안서를 써 줘."

뤼튼은 프롬프트에 빠르게 답하며 법률안, 소셜 벤처 제안서, 보고서까지 척척 써냈다. 뤼튼과 ChatGPT가 한 문장 한 문장 채팅창에 글을 써 내려가는 모습을 보고 있는데 '인공지능이 다양한 글쓰기 형식에 맞춰 글을 생성하는 시대가 되었으니 우리는 글의 틀과 형식을 몰라도 되는 걸까?', '글의 틀과 같은 논리 지식 없이 인공지능이 밑 작업 해 놓은 것을 검토하고 수정만 하면 될까?' 등 여러 질문이 떠올랐다.

인공지능의 시대에도 논리 지식은 독자와 작자 모두에게 여전히 중요하다. '나열', '비교-대조', '주장-근거', '원인-결과', '문제-해결'과 같은 글의 구조에 대한 논리 지식을 갖춘 독자는 글의 흐름, 내용 간의 관계, 주제를 빠르게 파악하며 글을 읽을 수 있다. 글을 쓰는 작자, 프롬프트를 넣는 사용자의 입장에서는 글의 구조적인 틀을 짜고 쓰기를 시작할 수 있다.

글 구조에 대한 수업을 할 때 지도 절차는 다음과 같다. 첫째, 글의 구조가 무엇이고 왜 필요한지에 대하여 소개하고, 6개의 글의 틀을 보여 주며 각각의 용도를 설명한다. 둘째, 수업에서 다룰 글에 적합한 틀이 무엇인지 질문을 던지고 그 답을 찾도록 한다. 셋째, 자료를 읽고 글의 틀에 내용을 채우거나 글의 틀(그래픽 조직자)을 직접 그리도록 한다.

글 구조 파악하기

- **개념**: 글의 구조를 파악하기 위한 단서들을 제공함으로써 글의 구조에 대한 선행 지식을 제공하고, 이를 바탕으로 실제 글의 구조를 파악해 보는 전략[3]
- **6가지 글의 틀**
  - 나열: 특별한 기준 없이 여러 항목이나 사례를 나열하여 설명하는

구조
- 비교와 대조: 두 개 이상의 항목에 대해 비슷한 점과 차이점을 설명하는 구조
- 시간과 순서: 사건이나 과정이 시간 순서로 진행되는 구조
- 주장과 근거: 주장을 내세우고 그에 대한 근거를 제시하는 구조
- 원인과 결과: 어떤 사건이나 현상의 원인과 결과를 설명하는 구조
- 문제와 해결: 어떤 문제를 제시하고 그것이 왜 문제가 되는지, 해결 방안은 무엇인지를 설명하는 구조

 문해력 수업

'정치와 법' 시간에 사회 쟁점 분석을 위해 '뉴닉newneek' 뉴스레터 읽기 수업을 했다. 관심 있는 사회 쟁점을 고르고, 찬성과 반대로 나눠 이슈를 분석하고, 배운 내용을 사용하여 글의 틀을 채우는 활동을 진행했다. 수업에서 찬성과 반대의 글을 다루기 때문에 대조의 틀을 준비했다.

글 구조와 표지어 이해하기

활동지를 배부하기 전에 수업에서 다룰 내용에 적합한 글의 틀

이 무엇인지 학생들에게 질문한다. 학생들이 적합한 글 구조를 떠올리며 답할 수 있도록 한다. 만약 학생들이 어떤 구조인지 정확히 파악하지 못한다면 '반면에', '그렇지만', '~임에도 불구하고' 등의 표지어를 참고하여 글 구조를 파악하도록 한다.

글 구조	표지어	그래픽 조직자
나열	첫째, 둘째, 먼저, 다음, 마지막	관련 사항 — 중심 내용 — 관련 사항 (사방)
비교·대조	비교: ~비슷하게, ~와 같이(~처럼), 마찬가지로, 비교해 보면, 비슷하며	차이점 / 공통점 / 차이점 (벤다이어그램)
	대조: 그러나, 하지만, 그렇지만, 반면에, 아직, ~임에도 불구하고, 그런데도	대상1 / 대상2, 차이점 / 차이점
시간/순서	오늘, 이튿날, 이후에, 처음에, 다음으로, 그러고 나서, 마지막으로, 결국	시간1→시간2→시간3→시간4 (발생한 사건 기술)
주장/근거	결론적으로, 제안하다, ~해야 한다, ~까닭을 알아보자, ~이유는 다음과 같다	주장 — 근거1/근거2/근거3 — 결론
원인/결과	원인은~, 왜냐하면~, 따라서, 그러므로, ~결과, 결론적으로, 그래서	주원인1/주원인2/주원인3/주원인4
문제/해결	대신에, 이를 위해서~, ~방안이 있다, ~무엇을 해야 할까?	문제점 / 해결 방안 / 예상 결과

글을 고르고, 주제를 예측하기

관심 있는 주제의 글을 고르고 어떤 단어들이 실려 있을지 추측하여 쓴다.

글 제목	사형제 부활
선택 이유	지금까지 사형제는 폐지하는 방향으로 논의되었는데, 사형제 부활이 이슈가 되어 궁금했다. 국민의 마음을 사기 위해 사형제를 부활하겠다고 발표한 것은 아닌지 양쪽의 쟁점을 살펴보고 판단하고 싶다.
추측한 단어	흉악 범죄, 모방 범죄, 흉악범, 인권, 헌법 소원, 중대 범죄, 형벌, 공공복리, 범죄예방, 종신형, 사법부, 트라우마, 가해자

읽고 요약하기

미리 익혔던 글 구조 유형을 나타내는 표지어나 중심 문장, 결론과 같은 중심 요소에 밑줄을 긋거나 표시하며 글을 읽고 요약한다.

사형은 개인의 생명권을 박탈하는 형벌로 헌법 37조 2항이다. 18세기 이후 인간 존엄성이 중시되며, 국내에서는 1997년 이후 사형이 실시되지 않았다. 그런데도 2022년 정부에서는 유엔의 사형 집행 모라토리움 결의안에 찬성표를 던졌다. 현 정부는 피해자 인권 측면에서 가해자가 합당한 죗값을 치르도록 하는 응보의 가치도 중요하다며 사형제를 그대로 두겠다는 입장이다.

틀에 넣기

핵심 쟁점과 쟁점별 근거를 분석하여 '대조의 틀'에 차이점을 정리하여 쓴다.

	찬성	VS	반대
핵심 쟁점	사형제를 부활시켜야 한다.		사형제를 부활시켜서는 안 된다.
근거1	강력한 처벌을 통해 본보기를 보여 주며 범죄에 대한 경각심을 심어 줘야 한다.		사형을 가석방 없는 종신형으로 대체하는 대안이 있다.
근거2	흉악범에게 들어가는 세금을 피해자 가족 지원에 사용해야 한다.		사형은 나중에 오판이 밝혀져도 되돌릴 수 없는 오류가 있는 제도이다.
근거3	선량한 시민을 위한 인권 보장은 더딘데 흉악범을 위한 인권만 선진국의 기준에 맞추려 한다.		정부에 대한 신뢰가 높지 않아서 사형제 집행에 반대한다.

의견 쓰기

핵심 쟁점에 대한 주장과 이유를 쓰며 활동을 마무리한다.

주장	사형제 부활을 반대한다.

이유	첫째, 오늘날 형법은 응보보다 예방에 힘쓰는 방향으로 발전하고 있다. 둘째, 사형제는 인간의 존엄과 가치의 기본이 되는 생명권을 박탈하는 인권 침해이다. 셋째, 대안으로 가석방 없는 종신형을 입법하면 된다. 사형제가 다른 형벌보다 범죄를 억제하는 효과가 크다는 증거가 없다. 마지막 사형이 집행된 1997년 이후 살인 건수는 더 늘었다가 감소하고 있으므로 사형제가 범죄를 억제한다고 볼 수 없다.

짧은 텍스트는 한 유형의 구조만 사용하는 경우가 많지만, 긴 텍스트는 두 가지 이상의 구조를 사용한다. 나열 구조는 모든 주요 구조 내에서 사용할 수 있다. 만약 학생이 하나의 텍스트에 여러 가지 구조를 사용하는 것을 이해하지 못한다면 먼저 짧은 텍스트를 검토하여 각각의 구조를 찾을 수 있도록 가르친다. 이때는 광고, 백과사전 항목, 기타 단편적인 글이 적합하다.

본질적으로 구조는 학생이 마음속으로 정보를 채워 넣는 빈칸인 동시에, 나중에 해당 정보를 기억할 수 있도록 도와주는 길잡이이다. 처음부터 글의 틀을 직접 그리게 하면 학생들이 어려워할 수 있으니, 글의 틀을 채우는 연습을 충분히 한 후 그리기를 진행하게 한다. 학생들이 빈칸 채우기 검사로 느끼지 않도록 하고, 자기 생각에 따라 글의 틀에 변화를 줄 수 있다는 것을 강조한다.

'논리 지식을 활용하며 읽기'를 지도할 때 참고하기 좋은 자료
『교과 학습 능력 향상을 위한 전략적 학습자 만들기』 정혜승 외 지음, 교육과학사

대조의 틀을 활용하며 찬반 이슈 읽기

1. 사회 이슈 제목을 읽고, 주제에 대해 생각한 후 어떤 단어들이 실려 있을지 추측해서 쓰시오.

글 제목	
추측한 단어	
선택 이유	

2. 사회 이슈의 내용(등장 배경, 현황, 사례, 관련 제도 및 법 등)을 요약하시오.

3. 핵심 쟁점을 제시하고, 쟁점별 근거를 분석하여 '대조의 틀'에 쓰시오.

	찬성	VS	반대
핵심 쟁점			
근거1			
근거2			
근거3			
근거4			

4. 핵심 쟁점에 대한 자신의 주장과 이유를 쓰시오.

주장	
이유	

이야기 구조에 대한 지식을 활용하며 읽기: 이야기 구조도

　10대를 통과하는 학생들은 국어 시간뿐만 아니라 여러 교과 시간에 문학 작품의 세계에 들어가 타인의 목소리에 귀를 기울이며 세상을 공부한다. 가정 시간에 『돼지책』을 읽고 가사노동의 모든 짐을 홀로 짊어진 피곳 부인의 괴로움을 헤아리며 건강가정기본법 개정안을 작성한다. 통합사회 시간에 단편소설집 『땀 흘리는 소설』의 단편 「알바생 자르기」를 읽고 해고 통보를 당한 아르바이트생 혜미의 고통에 가까이 다가가 '노동권 보호를 위한 노력'을 주제로 카드뉴스를 만든다. 과학 시간에 『우리가 빛의 속도로 갈 수 없다면』을 읽고 릴리와 델피가 되어 유전자 편집 기술의 상용화에 대해 토론한다.
　이처럼 '가정 문제와 이야기 그림책', '사회 문제와 소설', '과학 지식과 SF' 양쪽의 세계를 가로지르며 인간과 세상에 대한 이해를 넓혀 갈 때 이야기 글에 대한 지식이 필요하다. '발단-전개-위기-절정-결말'의 순서로 제시되는 이야기 글에 대한 지식을 갖고 있으면 이야기를 구성하는 핵심 요소를 따라 인물들의 관계, 성격, 문제와 갈등을 쉽게 파악할 수 있어서 세상의 목소리, 책의 목소리를 더 잘 들을 수 있다.

이야기의 핵심 요소[4]

- **누가**: 중심인물과 주변 인물을 구별하여 파악한다.
- **언제**: 사건 발생 시간 또는 그 사건이 일어났을 때를 이야기 상황에 알맞게 판단하여 나타낸다.
- **어디서**: 인물들 간에 일이 일어나는 장소를 찾아 쓴다.
- **무슨 일**: 어떤 일이 있었는지 사건 흐름에 맞게 쓴다.
- **어떻게**: 가장 중요한 사건이 이야기 끝에 어떻게 해결되는지 파악하여 쓴다.
- **주제**: 글을 읽고 이야기가 왜 이렇게 전개되었는지 지은이의 의도를 파악한다.

문해력 수업

국어 시간에 사랑을 제재로 한 이야기 글을 골라 읽고, 이야기의 핵심 요소를 파악하는 수업을 했다. 이야기 핵심 요소는 '이야기 벌레 구조도graphic worm organizers)'에 정리해서 쓰도록 했다. 이야기 벌레 구조도는 이야기 벌레의 몸통을 채우는 구조화 도구인데, 몸통을 소설 구성의 3요소인 인물, 사건, 배경을 포함하여 인상적인 부분, 새롭게 알게 된 단어, 새롭게 알게 된 내용, 이해되지 않은 장면 등 다양한 주제로 만들 수 있다. 이야기 벌레의 몸통 길이를 늘여 여러 주제를 다룰 수도 있다.

활동 알기

교사는 에드몽 로스탕의 희곡 『시라노』를 예시로 작성한 이야기 벌레 구조도를 학생들에게 보여 주며, 글의 구조를 파악하는 과정을 시연한다. 학생들은 이야기 한 편을 하나의 구조로 보고, 이야기가 어떤 하위 요소로 이루어졌는지 이해한다.

『시라노』 이야기 벌레 구조도

무엇을(사건)
- 시라노가 사랑하는 그의 사촌 록산은 시라노에게 자신이 크리스티앙을 사랑한다고 고백한다.
- 시라노는 자신의 부대에 있는 크리스티앙을 만나고 말이 능숙하지 못한 그를 대신해 편지를 써 주기로 한다.
- 록산과 크리스티앙은 우여곡절 끝에 혼인한다.
- 시라노와 크리스티앙이 속한 가스코뉴 중대는 스페인과의 전쟁에 나서고 그들의 앞에 록산이 등장하여 그들에게 음식을 나눠 준다.
- 크리스티앙이 죽고 시라노는 록산의 곁에 남아 자신의 진심을 전하고 세상을 떠난다.

언제, 어디서
- 언제: 군사적으로, 예술적으로 발전했던 17세기
- 어디서: 프랑스의 파리

명장면
시라노가 크리스티앙을 대신하여 어둠 속에서 록산에게 진정한 사랑의 말들을 고백하는 장면이 인상 깊다. 시라노의 내면에 있는 록산에 대한 숭고하고 본질적인 사랑이 드러나 아름다웠다.

누가
- 시라노: 실력 있는 검사이자 재기 넘치는 시인이며 코가 큰 것이 콤플렉스이다.
- 록산: 시라노의 사촌이자 연모의 대상. 크리스티앙의 외모에 푹 빠져 그를 사랑했지만 나중에는 영혼 자체(시라노)를 사랑한다.
- 크리스티앙: 산을 좋아하는 미남. 록산이 진정으로 사랑한 것은 자신이 아닌 것을 깨달았으며 전쟁 중에 죽었다.

주제
외모를 넘어서는 진정한 정체성과 자아의 중요성

주제 관련 이야기 글 선정하기

학생들은 주제와 관련 있는 소설 또는 희곡을 고른다. 주어진 시간 안에 흥미와 수준에 맞춰 작품을 고르기 어렵다면 교사가 제공한 '사랑 관련 소설, 희곡 목록'을 참고한다.

- 관심 주제: 사랑
- 선정한 도서: F. 스콧 피츠제럴드. 위대한 개츠비. 민음사

이야기 구조 및 주제를 파악하여 이야기 벌레 그리기

작품을 읽으며 핵심 요소를 중심으로 이야기의 구조를 파악하고 활동지에 이야기 구성 요소를 정리한다.

감상 쓰기

이야기 구조를 분석한 내용을 바탕으로 개인의 감상과 해석을 덧붙인다. 교사가 제시한 감상과 관련 질문 중 답하고 싶은 것을 골라 정리한다.

책이 전달하려는 부분을 상징적·비유적으로 드러낸 점이 인상 깊었다. 정신적 가치를 개츠비의 사랑으로, 데이지와 재회를 바라는 개츠비의 꿈, 즉 아메리칸 드림으로 이해할 수 있었다. 그리고 불법적인 방법으로 부를 축적한 개츠비의 모습에서 '변질'을 확인할 수 있었다. 청교도들이 품고 있던 '아메리칸 드림'이 물질주의를 만나 타락한 당대 상황을 <개츠비의 사랑>이라는 주제 이면에 표현한 점이 흥미로웠다.

공유하기

각 학생은 모둠원에게 읽은 작품의 이야기 요소를 설명하거나,

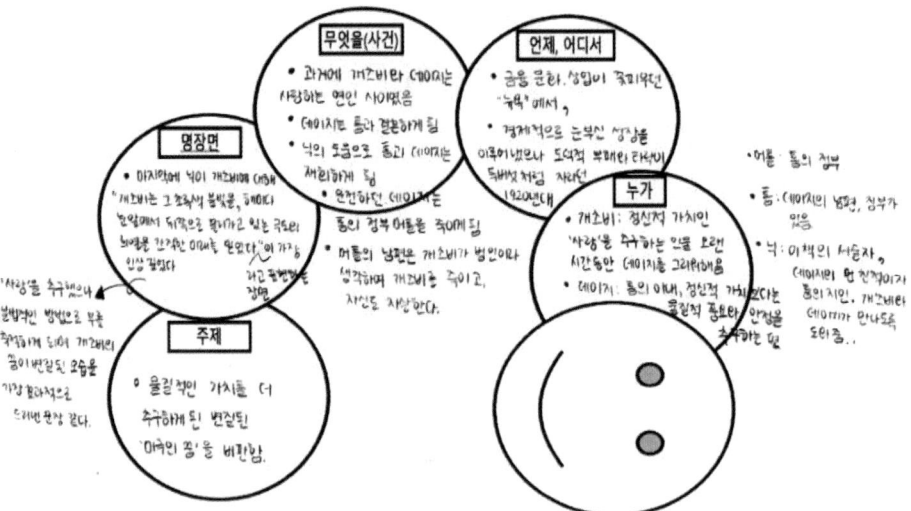

전체 학생을 대상으로 발표한다. 친구가 말하는 주요 사건에 대해 듣다가 의미를 두지 않고 지나쳤던 장면을 다시 떠올려 볼 수 있고, 작품 속 문제해결 방법을 함께 모색할 수도 있다. 말하고 듣는 과정에서 이야기를 선명하게 기억할 수 있다.

학생들은 이야기 구조를 파악할 때 여러 지점에서 어려움을 겪는다. 하나는, 글쓴이의 메시지(주제)를 파악하지 못하는 것이다. 학생이 작품을 완독했는데도 글쓴이의 의도와 메시지를 알지 못한다면 책의 처음이나 마지막에 쓰인 '작가의 말', '번역가의 말'을 읽어 보게 한다. 모둠별로 같은 책을 읽은 경우라면 각자 작성한 이야기 벌레 구조도를 꺼내 논의하도록 하고, 모둠별로 이야기 벌레 구조도를 새롭게 그리며 주제를 찾아가도록 지도한다.

다른 하나는, 책 속 시·공간에 관한 정보가 명시적으로 드러나지 않은 경우 '언제, 어디서' 칸을 채우지 못하는 것이다. 작품에 시·공간적 배경이 드러나 있지 않아도 작품 속에 흩어져 있는 정보를 바탕으로 추론하여 요약할 수 있어야 한다. 독자가 상상할 빈자리를 남겨 두지 않은 채 모든 정보를 나열하면 이야기 글의 분량은 상상하기 힘들 정도로 길어지고, 작품의 감동도 없어질 것이라는 설명도 덧붙인다.

이야기 핵심 요소 파악하기를 여러 번 반복했다면 목표와 읽기 자료에 따라 이야기 구조도를 변형하여 사용할 수 있다. 이야기 글을 읽고, '그림책 큐브 만들기'와 같은 시각화 활동을 이어서 할 계획이라면 이야기 벌레 속을 그림으로 채운다. 이야기 구조 파악하기의 후속 활동으로 이야기 만들기도 가능한데, 정리한 이야기 벌레를 모델 삼아 직접 이야기를 만들 수 있다. 예를 들어 과학 시간에 SF를 읽고 등장인물과 중요 사건, 장면을 요약하고 흥미로운 대화 장면을 기록하는 것이다. 이를 토대로 과학소설 플롯을 짜서 짧은 과학 이야기를 쓰게 할 수 있다.

> **'이야기 구조에 대한 지식을 활용하며 읽기'를 지도할 때 참고하기 좋은 자료**
> 『활동 중심 독서 지도』 천경록 외 지음, 교육과학사

이야기 벌레 구조도

1. 자신이 읽은 도서의 서지 정보를 쓰시오.

| 도서명 | | 저자명 | | 출판사 | |

2. 이야기의 구성 요소를 생각하며, '이야기 벌레 구조도'를 완성하시오.

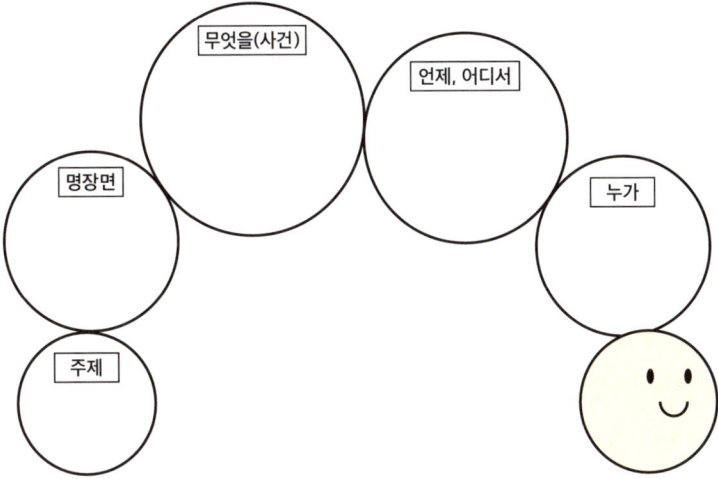

3. 책을 읽고 주제에 대한 감상을 다음 질문의 대답을 중심으로 3줄 정도로 정리하시오.(쓸 만한 이야기가 있는 질문을 중심으로 답하면 됨)

☐ 책에서 가장 흥미로웠던 점과 그 이유는 무엇인가요?
  (자신의 삶, 경험, 관심사 등과 연결하여 설명)
☐ 책을 읽고 나서도 해결되지 않는 질문은 무엇인가요?
☐ 독서 전·후를 비교할 때 나의 생각은 어떻게 달라졌나요?
☐ 책을 읽고 새롭게 배우게 된 점은 무엇인가요?

사건의 흐름에 대한 지식을 활용하며 읽기 : 플롯 다이어그램

교과 학습의 성취를 위한 읽기 활동을 설계할 때 텍스트의 주제와 글의 구조를 고려한다. 글의 구조가 서사^{narrative} 구조를 갖춘 문학인지 설명^{expository} 구조의 비문학인지 생각하고 활동을 선택하는 것이 좋다. 서사 구조의 텍스트를 다룰 때 읽은 내용을 시각화하여 정리할 수 있는 '플롯 다이어그램[6]'은 특히 유용하다. 플롯 다이어그램은 얼개가 복잡한 책의 이야기 순서를 파악하여 줄거리를 해석하거나 이야기의 플롯을 짤 때 사용한다. 이야기를 읽을 때 한 개의 주요한 사건만 파악하여 작성하면 서사구조를 통합적으로 파악할 수 없는데, 플롯 다이어그램을 활용하면 텍스트 전체의 내용을 깊이 있게 이해하고 표현할 수 있다.

플롯 다이어그램plot diagram

- **개념**: 연속적인 사건을 전개, 위기, 절정, 결말의 순서로 생각하고 정리하는 그래픽 조직자graphic organizer이다.
- **특징**
  - 비슷한 플롯을 가진 다른 이야기를 떠올림으로써 지금 읽고 있는 작품에서 앞으로 벌어질 일을 예측할 수 있다.
  - 이야기를 구성하고 있는 핵심 요소들을 그림으로 표현하여 이야기의 대상을 시각적으로 볼 수 있게 되어 이야기를 더 잘 이해하고 기억할 수 있다.[7]

문해력 수업

'고전 읽기' 시간에 한 학기 한 권 읽기의 마지막 차시 과제로 문학 작품의 이야기 흐름을 플롯 다이어그램에 정리하도록 했다. 문학 작품 이해의 기본기를 다질 수 있는 플롯 다이어그램의 지도 절차는 다음과 같다.

활동 이해하기

교사는 학생에게 플롯 다이어그램을 소개한다. 교사가 작품을 읽고 해석해 주는 수업에 익숙한 학생은 스스로 줄거리를 이해하여 자신의 상황에 연결, 확장하는 과정을 어려워한다. 이 경우 학습자가 스스로 이야기를 재구성하고 활동을 할 수 있도록 시범을 보여 익숙해지도록 도움을 준다.

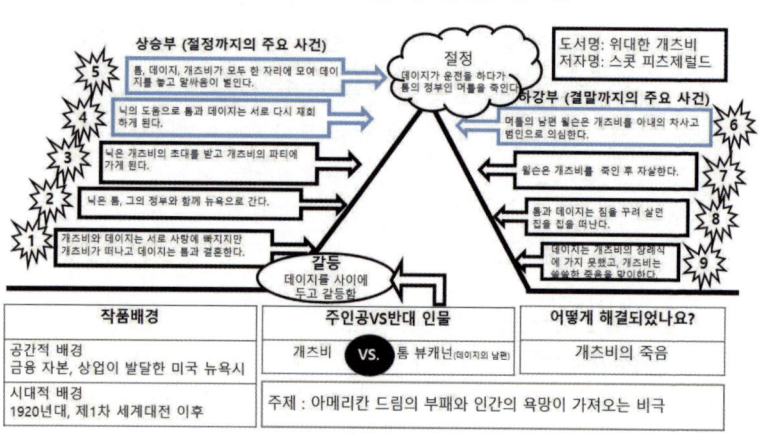

(예시) F. 스콧 피츠제럴드, 『위대한 개츠비』

텍스트를 독립적으로 읽기

중요한 사건을 파악하며 전체 글을 꼼꼼히 읽는다.

(예시) 제임스 M. 케인, 『포스트맨은 벨을 두 번 울린다』

- **상승부(발단, 전개)** : 이 이야기는 왜, 어떻게 시작되었나?

  프랭크가 식당에서 일을 시작하고 코라와 사랑에 빠진다. 프랭크와 코라가 닉의 뒤에서 밀회를 즐기고, 닉을 죽일 계획을 세운 후 살인을 시도한다.
- **위기, 절정** : 주인공이 해결할 문제는 무엇인가?

  닉을 죽인다.
- **하강부(결말)** : 이야기가 어떻게 끝났나? 해결되었나?

  카츠 형사가 수사망을 좁혀 오고 카츠의 수사로 코라와 프랭크의 사이는 나빠진다. 교통사고로 코라가 죽고, 프랭크는 사형으로 처형당한다.

플롯 다이어그램 작성하기

사건의 순서대로 플롯 다이어그램을 작성한다. 작성에 어려움이 있다면 절정부터 먼저 찾고 나머지 부분을 찾는다. 이야기에서 빠트릴 수 없는 부분이 절정이기 때문이다.

공유하기

개별 학습이라면 각자 발표하고, 모둠별로 작성했다면 모둠장이 전체를 대상으로 발표한다. 교사는 학생들이 답한 내용을 보면서 책을 얼마나 자세히 읽었는지 파악하여 피드백을 준다.

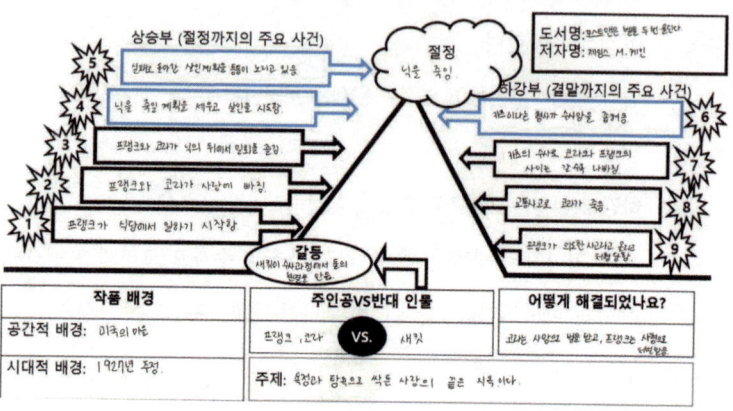

플롯 다이어그램을 지도할 때 유의할 점은 다음과 같다. 첫째, 학생들이 전체 글의 내용을 세부적으로 살펴보고, 주요 사건을 충분히 이해했을 때 플롯 다이어그램 활동을 시작한다. 둘째, 플롯 다이어그램은 전체 텍스트의 줄거리를 요약하는 난이도 높은 활동이므로 읽기 수업의 마무리 단계에서 활용한다. 셋째, 사건의 흐름을 순서대로 정리하기 힘들어하는 학생이 있다면, 이야기의 절정만 소개하도록 난이도를 조정해 준다. 또는 그림과 교과서를 이용하여 관련 문장을 찾아 적도록 한다.

'사건의 흐름에 대한 지식을 활용하며 읽기'를 지도할 때
참고하기 좋은 자료
『교과 독서와 세상 읽기』 이경화 외 지음, 박이정

플롯 다이어그램

플롯 다이어그램을 작성하시오.(검정색 칸은 필수 작성)

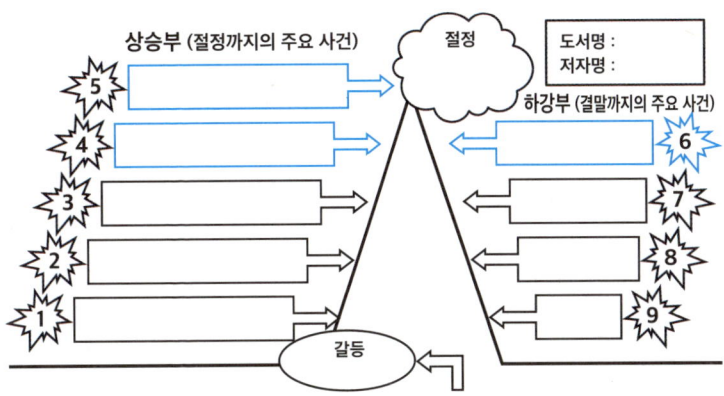

작품 배경	주인공 VS 반대 인물	어떻게 해결되었나요?
공간적 배경 :		
시대적 배경 :	주제 :	

2장

질문으로 키우는 문해력

'전설의 고향'에 가자고 하면 '예술의 전당'에 내려 주는 택시 기사, 112로 전화하여 국밥을 주문하면 구출해 주는 경찰[8], 우물쭈물 다가가 몇 개의 단서만 말해도 알아채고 답을 주는 교사는 인공지능에서 존재하지 않는다. 인공지능은 우리의 상황을 볼 수 없어서 '척하면 척' 알아차리고 답하지 않는다. 인공지능은 사람 사이의 대화와 달리 채팅창의 문장으로만 맥락을 유추한다. 그러므로 우리는 인공지능에게 어떻게 물어야 좋은 답을 얻을 수 있는지 알아야 한다. 그렇다면 인공지능 챗봇을 대상으로 어떻게 질문해야 할까? 인공지능의 공학적 특성을 고려한 질문 전략은 다음과 같다.[9]

> -가능한 답변 예측하기   -대화의 종료를 명확하게 안내하기
> -질문 순서 고려하기   -추가 질문으로 대화의 흐름 유지하기
> -답변 재생성 요청하기   -질문의 목적과 유형을 명확하게 설정하기

이러한 질문 전략대로 인공지능 채팅창에 질문을 넣는 연습을 하면서 채팅창 밖에서도 질문하는 힘을 함께 키워야 한다. 가장 먼저 교실에서 멸종하다시피 했던 '질문하다'란 동사를 살려 0에 가까웠던 질문의 총량을 늘려야 한다. 그리고 책을 비롯한 관련 자료를 두루두루 읽은 후 여러 관점을 검토하여 다양하게 질문하는 것의 의미와 방법을 익히도록 한다. 이런 과정을 통해 다져진 역량은 인공지능에게 가치 있는 질문을 던지고, 그 응답이 최선인지 확인하며 후속 질문을 꺼내는 일에도 쓰일 것이다.

이번 장에서는 학생이 스스로 질문을 만들어 사고하는 법을 배울 수 있도록 '읽고 질문하는 방법'을 다룬다. 자신 있게 질문을 쏟아내는 퀘스천스토밍, 더 알고 싶은 것을 질문으로 만드는 KWLS, 답을 의심하며 물음표를 붙이는 읽기, 다양한 층위의 질문을 생성할 수 있는 질문의 틀을 활용한 도구를 소개한다. 관심을 기울이고 있는 주제에 대해 텍스트를 읽고 질문하며 시간과 정성을 쌓아 간다면 좋은 질문을 꺼낼 수 있을 것이다.

1

용기 내어 질문 쏟아내기: 퀘스천스토밍

ChatGPT 대화창에 질문을 입력하기 주저하는 학생, 수업 시간에 자유롭게 질문할 기회와 시간을 주면 주위 친구들을 의식하여 자기 생각을 말하지 못하는 학생이 반마다 있다. 이러한 학생들의 내면에는 과거에 용기를 내어 질문했지만 존중받지 못했던 경험들이 쌓여 있다. 질문이 낯설고, 질문을 꺼내는 일이 공포스러운 학생들에게 텍스트를 읽고 자유롭게 질문을 말하게 하려면 무엇부터 시작해야 할까? 방법이 복잡하지 않으면서도 따라 하기 쉬운 질문법을 고민했고, '퀘스천스토밍'에서 답을 찾을 수 있었다.

질문의 총량에 집중하며 질문을 쏟아내는 '퀘스천스토밍'으로 읽기 수업의 문을 열었다. 학생들에게 질문의 질이 아닌 질문의 양을 강조하며 질문을 꺼내게 하면, 학생들은 '이 시간만큼은 나의 질문을 그 누구도 판단하고 평가하지 않는구나', '내가 꺼낸 질문에 아무도 제동을 걸 수 없구나' 하는 믿음이 생겨 질문을 만들기 시작한다.

> **퀘스천스토밍**Questionstorming
> - **개념**: '브레인스토밍Brainstorming'에서 따온 것으로 주제에 대해 가능한 많은 질문을 쏟아내는 활동이다.10)
> - **규칙**11)
>   - 가능한 한 많은 질문을 한다.
>   - 질문에는 질문만 따라오며, 토의·판단·답하기 위해 멈추지 않는다.
>   - 단어를 첨가하거나 누락시키지 않고 모든 질문을 기록한다.

 문해력 수업

국어 시간에 환경 그림책을 읽고 독서 토론을 실시했다. 이때 모둠별로 퀘스천스토밍을 실시하여 질문을 모은 후 질문의 우선순위를 정하여 토론하도록 했다. 학생들은 '브레인스토밍'은 익숙하게 여겼지만, 질문을 쏟아내는 '퀘스천스토밍'은 낯설어했다. 학생들이 정해진 시간 안에 다수의 질문을 만드는 활동에 집중해 본 경험이 없기 때문에, 퀘스천스토밍의 개념과 규칙을 소개한 후 활동을 시작했다.

질문 만들기

모둠별로 같은 작품을 읽고, 짧은 문장으로 10개 이상의 질문을 만든다. 누군가가 발언을 독점하지 않도록 순서를 정해 돌아가며 질문한다. 1인당 3~4개의 질문을 꺼내면 4~5명으로 이뤄진 팀에서는 12~20개의 질문을 모을 수 있다. 이때 기록자는 질문을 판단하지 않고 모든 질문을 정확하게 기록한다. 기록자가 판단하여 질문을 넣거나 빼며 수정하면, 모둠은 질문을 꺼내기에 안전하지 않다고 여겨 침묵하는 사람이 생길 수 있다.

한 모둠이 에밀리 S. 스미스의 『쓰레기 괴물』을 읽고 퀘스천스토밍을 했다.
- 쓰레기 괴물은 해양 생물들을 해치기 위해 무슨 짓을 했나?
- 왜 쓰레기 불청객은 자기가 최고라고 생각했을까?
- 쓰레기 괴물이 다시 태어나서 생각이 바뀐 이유는 무엇인가?
- 쓰레기는 어떻게 만들어졌을까?
- 쓰레기 괴물을 만든 이는 누구인가?
- 쓰레기 불청객은 재활용이 된 이후 어떻게 재활용하는 방법을 알렸을까?
- 플라스틱 괴물이 돌고래를 '멍청하다'라고 한 이유는 무엇인가?

- 해양 생물들이 쓰레기 괴물한테서 해를 받은 이유는 무엇인가?
- 왜 해양 생물들을 쓰레기가 초대한 파티에 아무 의심 없이 갔을까?
- 재활용 방법에는 무엇이 있을까?

질문의 우선순위를 정하고 토론하기

모둠별로 질문의 우선순위를 정하고, 핵심 질문 3개를 뽑아 토론을 시작한다.

- 재활용 방법에는 무엇이 있을까?
- 왜 해양 생물들은 쓰레기가 초대한 파티에 아무 의심 없이 갔을까?
- 해양 생물들이 쓰레기 괴물한테 해를 받은 이유는 무엇인가?

토론 내용 발표하기

질문을 만든 후 질문의 우선순위를 정해 토론한 과정을 돌아본다. 과정을 복기하며 느낀 점을 쓰고, 토론 내용을 모둠별로 발표한다. '흥미로웠다'와 같은 뭉툭하고, 단조로운 소감에서 벗어나고 싶다면 교사가 제시한 질문을 참고하여 느낀 점을 쓴다.

☑ 가장 흥미로웠던 질문과 그 이유는 무엇인가?
☐ 토론을 통해 깨달은 나의 편견은 무엇인가?
☑ 새롭게 배우게 된 점은 무엇인가?
☐ 나의 생각은 어떻게 달라졌는가?

'해양 생물들이 쓰레기 괴물한테서 해를 받은 이유는?' 질문이 흥미로웠다.
책을 읽어 보면 쓰레기 괴물이 해양 생물들을 괴롭혔다는 내용만 나오고 왜 쓰레기 괴물이 그런 행동을 하는지 알 수 없었는데, 이 질문을 통해 유추해 볼 수 있다.
그림책은 유치하고 배울 만한 내용이 없을 것이라 생각했는데, 그림과 짧은 문장으로도 감동과 메시지가 전해져서 그림책에 대한 편견을 버릴 수 있었다.

퀘스천스토밍을 할 때 유의할 점은 다음과 같다. 첫째, 기록자가 모둠원의 질문을 정확히 듣지 못해 단어를 누락하거나 질문이 말한 대로 기록되지 않을 때가 있다. 모둠원 전원이 기록지를 살펴보며 질문을 꺼내면 기록자가 놓치더라도 다른 모둠원이 이를 보완해 줄 수 있다. 둘째, 부끄러움이 많아 질문을 말로 꺼내기 힘든 학습자가 있다면 질문을 써서 모둠장에게 제출하도록 하고, 이를 모아 토론할 수 있다. 셋째, 만약 질문의 우선순위 정하기, 토론 질문 뽑기에서 어려움을 겪는 모둠이 있다면 교사는 "이 중에서 제일 궁금한 게 어떤 거야?", "가장 좋은 질문은 뭐라고 생각해?"와 같은 메타 질문을 던져 어떤 질문으로 토론할지부터 논의하도록 지도한다.

'용기 내어 질문 쏟아내기'를 지도할 때 참고하기 좋은 자료
『한 가지만 바꾸기』 댄 로스스타인·루스 산타나 지음, 사회평론아카데미

학생이 작성한 『뿔라스틱』 퀘스천스토밍 기록지

◆ 모둠별로 퀘스천스토밍(Question-storming)을 하고, 아래 칸에 질문을 쓰시오.

도서: 뿔라스틱   저자명: 김성화 권수진   출판사: 한양이 책방
☐대기 ☑자원순환 ☐에너지 ☐기후변화 ☐먹거리 ☑생태

	질문
1	플라스틱이 품앗없이 적어져서 전개됐을 때 숲에 미치는 영향은?
2	플라스틱은 어떤 화학자가 어떤 과정을 거쳐서 만들었나?
3	왜 플라스틱이 우리에게 주는 피해는?
4	플라스틱을 대체할 수 있는 물건은 무엇이 있는가?
5	왜 플라스틱 성체를 하는가
6	플라스틱이 발명된 계기는 무엇인가?
7	색깔에서 플라스틱은 자연도이 00플라스틱이 된다더라 만든다
8	요새 플라스틱을 방해하는 미생물이 증가하는가?
9	플라스틱이 분해되지 않은 이유는 무엇인가?
10	플라스틱은 앞으로 계속 사용될까?
11	
12	

◆ 여러 개의 의견이 나올 수 있는 질문을 모둠별로 3개씩 뽑아 토론해봅시다.

질문	토론 내용
플라스틱은 앞으로도 계속 사용될까?	재활용이 저렴한 편이고, 사용이 흔해지기 때문에 사용량이 줄어들 수 있으나, 계속 사용될 것 같다.
왜 플라스틱을 우리 삶에 이용 했는가?	환경에 악영향을 주고, 미세플라스틱의 많은 생성이 다시 주고 면역에 플라스틱 등 악한만이 많은 수많다
플라스틱이 분해되지 않는 이유는 무엇인가?	플라스틱을 분해하는 미생물이 없다.

◆ 느낀 점 쓰기
☑ 가장 흥미로웠던 질문과 그 이유는 무엇인가? ☑ 새롭게 배우게 된 점은 무엇인가?
☐ 그림책 토론을 통해 깨달은 나의 편견은 무엇인가? ☐ 나의 생각은 어떻게 달라졌는가?

즉흥보다 질문은 여러가지 그림, 즉 시각적 자료로 상황과 맥락을 더 직관적으로 이해할 수 있다는 점에서 큰 매력이 있다고 느껴졌다. 또한, 플라스틱의 영향, 전망 등에 관하여 친구들과 함께 토론해보니 여러가지 의견이 나와 서로 공유하는 과정이 인상 깊었다.

퀘스천스토밍

1. <u>질문 만들기</u> 모둠별로 퀘스천스토밍^{Questionstorming}을 하고, 아래 칸에 질문을 쓰시오.

도서명		저자명		출판사	
			질문		
1					
2					
3					
4					
5					
6					
7					
8					
9					
10					
11					
12					

2. <u>토론하기</u> 여러 개의 의견이 나올 수 있는 질문을 모둠별로 3개씩 뽑아 토론해 봅시다.

질문	토론 내용

3. <u>느낀 점 쓰기</u>

☐ 가장 흥미로웠던 질문과 그 이유는 무엇인가?
☐ 토론을 통해 깨달은 나의 편견은 무엇인가?
☐ 새롭게 배우게 된 점은 무엇인가?   ☐ 나의 생각은 어떻게 달라졌는가?

2

후속 질문으로 깊이 있는 학습하기: KWLS

　인공지능을 활용하는 읽기 맥락에서 독자가 첫 질문을 꺼낸 후 후속 질문을 하지 않는 것은 온라인 읽기에서 검색어를 입력한 후 첫 페이지의 첫 게시글을 읽고 과제를 종료하는 것과 같다. 정확한 지식을 얻으려면 해소되지 않은 질문이 있는지 확인하고 추가 정보를 얻기 위한 질문을 던져야 한다.

　인공지능과의 대화와 읽기 활동에서 중요한 '추가 질문'을 지속하는 힘을 키우기 위해 'KWLS'를 활용했다. KWLS는 'KWL' 전략을 변형한 버전으로, 'K'에서 알고 있는 것을 떠올리며, 'W'에서 질문을 만들어 목적을 설정하여 읽고, 'L'에 배운 것을 쓴 후, 'S'에서 더 알고 싶은 것을 추가 질문으로 작성하는 방법이다. KWL의 응용판인 KWLS 차트를 활용한 이유가 있다. 텍스트를 읽은 후에도 답을 찾지 못해 해소되지 않은 질문이 후속 텍스트의 선택에 영향을 주고, 토론으로 이어지게 하여 깊이 있는 학습을 가능하게 만들기 때문이다.

KWLS

주제에 대해 이미 알고 있는 것, 알고 싶은 것, 새롭게 알게 된 것을 읽고 조직하는 KWL에 'S: 더 알고 싶은 것은?' 질문을 추가한 전략이다.[12] KWLS는 이야기 글보다는 설명 글에 적합하며, 읽기 전·중·후 모든 단계에서 쓸 수 있다.

- **Know 배경지식**: 이미 알고 있는 것은? 떠오르는 단어나 내용은?
- **Want to know 알고 싶은 것**: 알고 싶은 것은? 알아야 할 것은?
- **Learned 배운 점**: 글을 읽고 알게 된 것은? 배운 것은?
- **Still Want to know 추가 질문**: 더 알고 싶은 것은? 여전히 궁금한 것은?

 **문해력 수업**

기하 시간에 기하의 역사, 성질, 쓰임 중 한 개의 주제를 고르고 관련 도서를 1시간 동안 발췌독하는 수업을 했다. 수학자가 '기하'에 대한 생각을 어떻게 펼치고 실험하는지 관찰하며 KWLS 차트로 정리하는 활동으로 진행했다. 이 수업은 학생들에게 '알고 있는 것'과 '알아야 할 것'을 분명히 인지하게 하여 학생들이 추가 질문을 만들면서 동시에 수학적 사유를 확장할 수 있었다.

KWLS 활동 이해하기

교사는 KWLS의 개념, 장점을 설명하고 활동지를 배부한다. 교사의 설명만으로 감을 잡지 못하는 학습자들이 있다면, KWLS 차트 예시를 보여 주며 KWLS 작성 방법을 설명한다.

주제: 택시 기하학			
자료: 『이광연의 오늘의 수학』	저자: 이광연	읽은 쪽수: 19~27(택시가 기하학을?)	
KWLS			
Know 이미 알고 있는 것	**W**ant 알기를 원하는 것	**L**earned 알게 된 것	**S**till want to Know 더 알고 싶은 것

•택시 기하학의 개념 •두 점 사이의 거리 공식 •미터법에 따른 택시비 계산	•택시 기하학과 유클리드 기하학의 차이 •택시 기하학에서 사용되는 거리의 정의	•택시의 역사 •비유클리드 기하학 중 택시 기하학 - 택시 거리 - 삼각형의 합동 공리 예시 - 택시 평면에서의 마름모 대각선 - 택시 평면에서의 원 •수학은 정해진 것이 아니라 만들어지는 것	•공리, 공준에 기초한 공리 체계 •유클리드 기하학과 비유클리드 기하학의 차이는 무엇인가? •택시 기하가 아닌 또 다른 비유클리드 기하학에는 무엇이 있는가? •택시 기하에서 성립하지 않는 유클리드 기하학의 다른 성질에는 무엇이 있는가?

K 알고 있는 것

학습자는 책을 읽기 전에 주제와 내용에 대해 알고 있는 배경지식, 경험 등을 떠올려 본다. '예전에 주제에 대해 어떤 글을 읽어 봤지?', '무슨 말을 들어봤지?' 스스로 질문하며 알고 있는 모든 것을 'Know' 칸에 쓴다.

- 벡터의 개념
- 벡터의 크기
- 단위 벡터와 영벡터
- 벡터의 덧셈

W 알고 싶은 것

주제에 대해 알고 싶은 것을 'Want' 칸에 쓴다. 주제에 대해 알고 싶은 것이 없다면 '알아야 할 것'을 질문으로 작성한다. 수업이기 때문에 알아야 할 것은 있다.

- '가래'라는 도구에서 벡터가 어떻게 쓰일까?
- '벡터의 합'이 실생활에선 어떻게 쓰이고, 수업 시간에 배운 이론과 다르게 적용되는 부분은 무엇인가?
- 우리가 사는 3차원 공간에서는 벡터가 어떻게 적용되는가?

L 새롭게 알게 된 내용

글을 읽고 '이 주제에 대해 무엇을 알게 되었지?', '나는 지금 어떤 말을 할 수 있지?' 자신에게 질문해 본다. 그 대답을 'Learned' 칸에 쓴다.

- '가래'는 삽처럼 생긴 날 부분을 두 사람이 줄을 이용해 사용할 수

있는 농기구이다. 가래를 사용하면 작은 힘을 합쳐 큰 힘을 얻을 수 있다. 이 과정에서 세 사람이 관여하므로(줄 2명, 방향 조절 1명) 3개의 벡터로 나타내야 한다. 이 세 사람이 내는 힘의 합을 구할 때 벡터가 쓰인다.
- 우리가 사는 3차원 공간에서는 '공간 벡터'가 활용된다. 두 개의 성분이 활용되는 2차원 벡터와 달리 3개의 성분이 활용되며 그 합이나 차, 크기를 구하는 방법은 유사하다.
- 실생활에서는 어떤 작업에 사용한 일의 양을 구할 때 내적을 주로 사용하고 외적은 두 벡터에 수직인 또 다른 벡터를 구할 때 활용한다.

S 더 알고 싶은 것

더 알고 싶은 것, 해결하지 못한 것을 인식하고 조절하며 'Still want to know' 칸에 질문의 형식으로 쓴다.

- 벡터의 외적을 구할 수 있는 방법은 무엇인가?
- 공간 벡터에서만 나타나는 특성은 무엇일까?
- 공간 도형과 관련해 어떻게 활용될까?
- 막대기를 활용해 가래의 힘의 방향을 바꾼다고 했는데 그 구체적 방법은 무엇인가?

『이광연의 오늘의 수학』을 읽고 학생이 작성한 KWLS

'Want' 칸에 작성한 질문이 'before'라면 'Learned' 칸에 쓴 답은 'after'가 된다. KWLS 차트로 읽기 전·후의 차이를 확인한 학습자는 뿌듯해한다. 한편 KWLS 차트를 작성하는 과정에서 학습자들은 여러 어려움을 겪는데, 그 어려움을 해결할 수 있도록 지도하는 방법은 다음과 같다.

첫째, 읽기 전 '이미 알고 있는 것'을 쓸 때 배경지식이 떠오르지 않아 빈칸으로 두는 학생이 있다. 진도를 나간 후 심화 학습의 차원에서 주제 독서를 하기 때문에 이 경우 교과서로 돌아가 기본 개념부터 찾아 읽도록 한다. 교과서에서 힌트를 발견하지 못한다면 주제 관련 인터넷 이미지를 검색하거나 사전에서 주제에 대한 개념을 찾아보도록 한다.

둘째, 내용을 읽지 않았거나 내용을 이해하지 못해 '알게 된 것'을 한 줄로 쓰는 학생이 있다. '아폴로니우스'에 대해 책을 읽었다면 알게 된 것을 구체적으로 써야 하지만 "아폴로니우스는 엄청난 수학자인 것을 알았다."처럼 읽지 않고 뇌피셜로 작성한 것이다. 이처럼 읽지 않았거나 대충 읽고 한 줄로 쓴 학생에게는 예시나 근거를 들어 뒷받침 문장을 쓰도록 조언한다. 내용을 이해하지 못하여 알게 된 것을 3줄 이상 쓸 수 없다면, 책의 수준을 조정해 다른 책을 읽고 작성하도록 한다.

셋째, 'Want' 칸에 쓴 질문을 모두 해결하지 못하는 학생이 있다. 이런 학생에게는 한 권의 책으로 질문을 모두 해결할 수 없다는 사실을 알려 준다. 그리고 다른 책이나 매체를 활용하여 문제를 해결할 수 있도록 지도한다. 'Want' 칸의 '알기를 원하는 것', 'Still want to know' 칸의 '더 알고 싶은 것'을 수업 시간 외에 스스로 채우는 학생은 많지 않다. 따라서 교사는 학생이 해결하지 못한 질문에 대해 스스로 답을 찾을 수 있도록 계획을 세워 준다.

> '후속 질문으로 깊이 있는 학습하기'를 지도할 때
> 참고하기 좋은 자료
> 『독해 안내하기』 모린 맥러플린 지음, 역락

KWLS

1. 자료의 서지사항을 쓰시오.

자료명		읽은 쪽수	~
저자명		출판사	

2. 자료를 읽기 전, 중, 후 KWLS 차트를 작성하시오.

주제 :			
Know 이미 알고 있는 것	**W**ant 알기 원하는 것	**L**earned 알게 된 것	**S**till want to Know 더 알고 싶은 것

3. 느낀 점을 쓰시오.

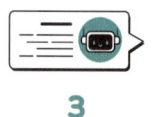

3

답을 의심하고 또 의심하기: 물음표를 붙이며 읽기

　인공지능이 제시한 답이 최선인지 확인하려면 먼저 인공지능이 제공하는 텍스트를 꼼꼼히 읽어야 한다. 인공지능이 내놓은 답은 절대적 진리가 아니기 때문에 대충 읽고 텍스트를 취한다면 지식을 탐구하는 주도적 독자로서의 힘을 잃게 된다.

　비판적 읽기 연습을 위해 학생들에게 "우리가 읽고 만나는 모든 자료를 의심하고, 질문하며 읽어 봅시다."라고 말하며 읽기 시간과 자료를 주었다. 글을 그냥 읽으라고 하니 학생들은 눈으로 보는 시늉만 하며 대충 읽고 뇌피셜로 답했다. 읽기 시작한 지 5분 만에 끝낸 학생, 읽기에 집중하지 못하는 학생, 자료에서 무얼 얻었는지 도통 기억나지 않는다고 말하는 학생을 보면서, 능동적으로 읽을 수 있는 장치를 생각해 보고 기존의 지식에 물음표를 띄우는 요령을 고민하기 시작했다.

글을 조금 더 공격적으로 읽게 만드는 '물음표를 붙이며 읽기[13]'에서 답을 찾을 수 있었다. 이 활동은 글을 읽으며 중요하다고 생각한 내용, 의문이 든 내용, 인상 깊은 내용 등에 자기 나름의 기호를 만들어 표시하고 의견과 느낌을 메모하며 읽는 전략 중 일부를 활용한 것이다. 강조 표시와 밑줄 긋기보다 더 많은 노력이 필요하다. 학생들은 글을 읽으며 스스로 무언가를 표시하거나 기록하는 것에 익숙하지 않기 때문에 여러 기호 중에서 물음표를 붙이며 읽는 것부터 시작했다.

텍스트에 물음표 붙이며 읽기

- 물음표는 텍스트에서 궁금증이 생기는 부분을 가리킨다. 글자로 옮기면 이 대목을 읽다 보니까 '-가 궁금해졌다'가 된다.
- 이외에 사고 유형에 따라 다양한 기호를 사용하여 해당 구절 옆에 적을 수 있다. 표시 기호는 처음에는 하나씩 알려 주고, 익숙해지면 순차적으로 늘려 나간다.

반응 기호표[14]		
반응	표시기호	문장
생각했던 것을 입증한다면	V(체크) 표시를 넣는다	나는 그것을 알아

생각했던 것과 모순된다면	-(빼기) 표시를 넣는다	나는 다르게 생각했어
새롭다면	+(더하기) 표시를 넣는다	나는 그것을 알지 못했어
추론한다면	I(inference)를 넣는다	나는 이 대목이 -을 뜻한다고 생각해

문해력 수업

국어 시간에 환경 도서를 읽고, 관련 잡지 기사를 읽는 수업을 했다. 레이첼 카슨의 『침묵의 봄』을 완독했다면 후쿠시마 오염수 방류 기사를, 『우리를 둘러싼 바다』를 읽었다면 산호 석화 현상에 대한 기사를 골랐다. 학생들은 물음표를 붙이며 읽는 과정에서 '강조 표시'와 '밑줄 긋기'보다 더 많은 노력을 기울이고, 자기 자신의 학습에 책임을 지게 된다.

활동 이해하기

교사는 큰 화면에 잡지의 기사를 띄우고 내용을 읽으며 여백에 메모한 질문을 보여 준다. 교사가 '기호 붙이며 읽기'의 예시를 보여 주면 학생들은 찰떡같이 감을 잡고 따라 한다.

"예시로 보여준 것처럼 오늘은 환경과 관련한 잡지 기사를 읽을 겁니다. 지금부터 읽기를 시작하고, 떠오른 질문을 여백에 쓰세요."

교사 시연 자료

제목: 파리를 닮지 못하면 올림픽의 미래는 없다		기자명: 이오성
잡지명: 시사인	호수: 879호	작성일: 2024.7.22

반면 경기장 신축 등을 획기적으로 줄인 파리올림픽 개최 비용은 6조원대로 낮아질 것이라고 조직위원회는 밝혔다.
☞ 실제로 지출된 예산은 얼마일까?

7~8월에 열리는 하계올림픽은 여름철 폭염의 강도가 세지면서 시기를 바꿔야 한다는 지적이 계속 나온다.
☞ 올림픽은 왜 여름에 개최되었을까? 시기를 바꾼다면 어느 계절이 적합할까?

2022년 캐나다 워털루 대학에서 발표한 '기후변화와 동계올림픽의 미래' 보고서에 따르면 전 세계 온실가스 배출량이 현재 수준을 유지할 경우 과거 동계올림픽을 개최한 21개 도시 중 유일하게 일본 삿포로만 대회를 진행할 수 있다고 나타났다.
☞ 삿포로 외에 어떤 도시에서 동계올림픽이 개최되었을까?

파리처럼 변하지 않고는 '인류의 제전' 올림픽의 미래가 이어지기 힘들다.
☞ 2028 LA올림픽은 파리올림픽의 '친환경성'을 이어갈 수 있을까?

물음표를 붙이며 읽기

'무엇을 말하고 있는가?', '왜 그런 말을 하는가?', '그래서 어떻게 하면 될까?'를 생각하며 읽는다. 사소한 궁금증도 좋으니 의문이 드는 문장 앞에 물음표를 표시하고, 궁금한 점을 적는다. 만약 읽고 있는 텍스트가 개인 소장 자료가 아니라면 접착 메모지에 쓴다. 나중에 의문이 해소된 질문은 물음표 위에 동그라미 표시를 하거나 자료의 여백에 그 물음에 대한 답을 함께 메모할 수 있다.

학생이 여백에 남긴 질문

제목: AI가 똑똑해질수록 지구는 더워진다		기자명: 조경숙
잡지명: 시사인	호수: 855호	작성일: 2024.2.8

40쪽: 당연한 말이지만 전기는 발전소에서 만들어내야 내가 사용할 수 있다. ☞ 우리는 왜 전력을 무한하다고 생각하며 사용할까?

41쪽: 여기에서는 GPT3의 훈련 과정에 사용된 전기의 양과 탄소배출량을 측정했는데, 2019년 매사추세츠 대학 연구 결과보다 약 1.7배 높은 502t이 도출되었다. ☞ 탄소 배출량이 증가하면 어떠한 문제들이 생길까?

41쪽: 챗 지피티에 질문을 한 번 할 때마다 500ml의 생수가 소비된다고 보도한 바 있다. ☞ 소비된 생수는 재사용할 수 없을까?

41쪽: 수년에 걸쳐 여러 차례 테스트한 결과, 냉각수를 절감할 수 있을 뿐만 아니라 풍력과 태양열만으로도 전기를 충당하는 게 가능한 것으로 보고 됐다. ☞ 기업들은 어떠한 방법으로 전력량을 줄일까?

41쪽: 이번 겨울에 유난히 눈이 많이 내렸다. 화이트 크리스마스에 화이트 새해라며 더없이 좋아했지만, 이 모든 게 기후위기의 징조라는 뉴스를 보고 나니 착잡했다. ☞ 화이트 크리스마스 현상은 왜 발생할까?

느낀 점 쓰기

글을 읽고 나서 새롭게 알게 된 점, 깨달은 나의 편견, 흥미로운 점과 그 이유, 읽기 전·후의 생각이 어떻게 달라졌는지 돌아보며 의견을 쓴다.

산업 발달로 인한 지구온난화 문제는 알고 있었지만 인공지능의 고도화로 인해 발생하는 기후 위기의 문제에 대해서는 몰랐다. AI 데이터 센터에서 소비하고 있는 물과 전력의 양에 대해 구체적으로 알 수 있었다. 기술 발전의 가속화보다는 지속가능한 발전에 대한 노력과 과학기술이 필요하다고 생각했다.

공유하기

기사를 다 읽은 학생은 활동지와 질문 메모지를 보지 않고 교사에게 기사의 핵심 내용을 설명한다. 교사는 학생의 설명이 끝나면 학생에게 접착 메모지에 쓴 질문이 다 해결되었는지 묻는다. 그리고 여백에 질문을 쓰는 활동이 도움이 되었는지 이야기 나눈다. 이러한 질문 점검은 학생의 읽기 능력과 태도를 파악하는 자료로 삼을 수 있다.

학급의 학생 수가 많은 경우 '교사에게 설명하기'를 '짝꿍에게 설명하기'로 바꿔 진행한다. 기호를 표시한 후 메모한 글을 서로 돌려 보게 하면 다양한 반응을 자연스럽게 접할 수 있고, 이를 자신의 읽기 활동에 응용할 수 있다.

'텍스트에 물음표를 붙이며 읽기'를 지도할 때 유의할 점은 다음과 같다. 첫째, 난이도가 높지 않은 글을 제시해야 한다. 학생들은 글이 어려우면 기호 붙이기를 시도하지 않는다. 둘째, 한꺼번에 여러 기호를 사용하도록 하면 학생들이 초반에 포기하기 때문에 순차적으로 기호를 늘려 나간다. 처음에는 궁금증이 생기는 부분에만 물음표를 남기며 읽도록 한다. 셋째, 시간이 남는 학생들에게는 모르는 단어를 찾거나 관련 사건을 더 검색하도록 안내한다.

> **'물음표를 붙이며 읽기'를 지도할 때 참고하기 좋은 자료**
> 『읽어도 도대체 무슨 소린지』 크리스 토바니 지음, 연암서가

텍스트에 물음표를 붙이며 읽기

1. 서지사항을 쓰시오.

잡지 이름						
기사 제목				기자 이름		
발행 일자	년 월 일 (	)호	읽은 쪽수		~	
고른 이유						

2. 잡지 기사를 읽으면서 다섯 군데 이상에 '?'를 표시하시오.
   궁금증이 생긴 대목 옆의 여백에 "나는 궁금하다"라는 표현을 사용하여 궁금하게 생각하는 내용을 쓰시오.

3. 잡지 기사를 읽으며, 아래 문항에 답하시오.

3-2-1 ITEM	내용		
3 기사의 중요 키워드 3개	①	②	③
2 기사의 핵심 내용 2가지	①		
	②		
1 여백에 적은 질문 중 가장 중요하다고 생각하는 질문 1가지	궁금증:		
	이유는:		

4. 기사와 관련한 나의 생각을 쓰시오.(2개 이상의 항목에 'V' 표시하고 답하기)
   □ 나의 지식을 어떻게 넓혀 주었는가?
   □ 읽은 내용을 어떻게 활용할 수 있을까?
   □ 텍스트를 읽고 깨달은 나의 편견은 무엇인가?
   □ 가장 흥미로운 점과 그 이유는 무엇인가?
   □ 읽기 전, 후를 비교할 때 나의 생각은 어떻게 달라졌는가?

_____
_____
_____
_____

4
다양한 층위의 질문 만들기: 질문의 틀

　인공지능 기반 읽기 과정을 살펴보면 원하는 대답을 얻을 때까지 '프롬프트-응답' 주고받기를 반복해야 한다.[15] 독자가 질문하면 인공지능은 답하고, 그 응답이 마음에 들지 않으면 추가 질문을 해서 응답을 보완하는 방식이다. 마음에 드는 답이 나올 때까지 질문을 계속 꺼내야 하는데, 질문이 더는 떠오르지 않는 경우가 있다. 질문을 지속하는 힘을 키우려면 다양한 층위로 질문을 꺼내는 연습이 필요하다. 경직된 입시 제도 아래에서 주어진 지식을 그대로 수용하던 학생들에게 다양한 층위의 질문을 생성하라는 과제는 '24시간 동안 스마트폰 없이 살아보기'와 같은 높은 난이도의 일이다. 따라서 질문 만들기를 돕는 도구를 제공하는 것이 좋다. 개인 질문을 만들 때 다양하게 질문을 생각할 수 있는 '질문의 틀[16]'을 주면 학생들은 좀 더 수월하게 질문을 만들 수 있다.

질문의 틀

- **핵심적**: 전반적인 생각, 쟁점, 주제, 화제 등을 다룬다.

  어떤 생각, 쟁점, 주제가 제기되는가?

- **사실적**: 누가, 언제, 어디서, 무엇이 일어났는지를 묻는다.

  ~가 누구인가/무엇인가/어디인가/언제인가?

- **분석적**: '어떻게, 왜'를 사용하며 더 깊은 이해를 촉진한다.

  ~의 의도와 목적은 무엇인가?, ~의 의미는 무엇인가?, 어떻게 사용될 수 있는가?

- **성찰적**: 원인, 연관성, 결과를 조사하며, '왜'를 분석하게 가르친다.

  ~의 이유는 무엇인가? 어떤 영향을 미치는가?

- **가설적**: 실생활에 어떻게 적용될 수 있을지 예측하게 한다.

  만약에 ~한다면, 어떻게 ~할지, 무슨 일이 일어났을지? 다른 방법이 있는지?

- **논증적**: 글과 화제의 모든 측면을 탐구한 뒤 특정 입장을 취하거나 방어 가능한 선택을 하게 한다.

  A인가 B인가? 그것은 합리적인가? 그것은 실행 가능한가?

- **정서적**: 자신의 의견, 관점, 생각이 무엇인지 표현한다.

  여러분이 느끼고 생각하는 것이 무엇인가?

- **개인적**: 자신이 습득한 개인적 지식과 사고를 공유한다.

  여러분은 ~에 대해 무엇을 배우고 싶은가?

 **문해력 수업**

『나는 풍요로웠고, 지구는 달라졌다』 독서 토론을 위해 '질문의 틀'을 활용하여 질문을 만들기로 했다. 이 책은 호프 자런이 50년 동안 인류의 식량 생산 방식, 에너지 소비, 평균 수명으로 인해 지구 생태계가 어떻게 달라졌는지 설명하는 환경도서이다. 먼저 학생들에게 질문의 틀에 따라 분류한 8가지 질문에 대해 설명했다. 그리고 8가지 질문의 유형 중 3가지를 골라 질문을 만들도록 했다. 다양한 범주로 질문을 만들다 보면 작가가 담아낸 생각거리들을 묵직하고 진지하게 곱씹으며 작품을 다시 볼 수 있다.

활동 이해하기

교사는 질문의 틀을 활용하여 다양한 범주로 질문 만드는 방법을 보여 주고 과제를 제시한다.

"선생님이 제시한 질문의 틀 중에서 가장 친숙한 질문의 유형은 무엇인가요?"

"느낀 점과 배운 점을 묻는 개인적, 정서적 질문을 평소에 많이 받았기 때문에 가장 친숙하게 느껴져요."

(교사 예시) 김지혜, 『가족각본』

- **핵심적 질문**: '가족'이란 무엇인가?

- **사실적 질문**: 한국의 호주제는 언제 폐지되었는가?
- **분석적 질문**: 가족 관계로 신분을 등록하고 증명하는 제도의 목적은 무엇인가?
- **성찰적 질문**: 가족 내 호칭이 필요한 이유는 무엇인가?
- **가설적 질문**: 동성 부부라면 문서로 가족 관계를 어떻게 정의해야 할까?
- **논증적 질문**: 동성혼 법제화에 찬성하는가? 아닌가?
- **정서적 질문**: 가족에 대한 부양이 의무라고 생각하는가?
- **개인적 질문**: 다양한 가족의 형태가 존중받는 사회를 만들기 위해 여러분은 무엇을 할 것인가?

질문 만들기

호프 자런의 『나는 풍요로웠고, 지구는 달라졌다』를 읽고 다양한 층위의 질문을 만든다.

'핵심적 질문' 만들기

개념과 내용을 폭넓게 이해하도록 '~는 무엇인가?'를 묻는다.

- 지구의 풍요란 무엇인가?
- 과학과 기술은 자연의 경계와 법칙을 존중해야 하는가, 밀어내야 하는가?
- 지구에 대해 인간이 갖는 권리는 무엇인가?

'사실적 질문' 만들기

정보와 사실을 인식하고 파악하기 위해 '누가, 언제, 어디서, 무엇을'을 묻는다.

- 지구상에서 가장 자동차 집중적인 문화를 유지하고 있는 나라는 어디인가?
- 풍력 발전으로 연간 만들어내는 전력은 전 세계에서 소비되는 전력의 몇 퍼센트를 차지하는가?

'분석적 질문' 만들기

사건과 현상을 조사하고 설명하기 위해 '~의 의도와 목적은 무엇인가?', '~의 의미는 무엇인가?'의 유형으로 묻는다.

- 한 나라에 들어오는 세계적인 부로부터 그 어떤 혜택도 받지 못하는 수억 명의 사람들이 존재한다. 이 굴레에서 어떻게 벗어날 수 있을까?
- '나는 풍요로웠고, 지구는 달라졌다'의 의미는 무엇인가?

'성찰적 질문' 만들기

원인 및 결과, 영향에 대해 광범위하게 생각하도록 '~의 이유는 무엇인가?'의 틀로 묻는다.

- 1인 에너지 필요량을 초과한 곡물 생산을 멈추지 않는 이유는 무엇인가?

- 육류 생산을 위해 지구 곡물의 3분의 1이 사라지는 것을 알면서도 육류 생산량을 줄이지 않는 이유는 무엇인가?
- 식량을 재분배하는 일이 불가능하지 않다고 이야기하는 현실에서 이루어지지 않는 이유는 무엇인가?

'가설적 질문' 만들기

'만약'을 가정하고 창의적으로 상상하도록 '만약에 ~한다면, 어떻게 ~할지'의 틀로 묻는다.

- 전기 소비 수준을 절반으로 낮춘다면 재생에너지로 완전히 전환할 수 있을까?
- OECD 36개국이 육류 소비량을 줄인다면 영양실조로 굶주리는 8억 명 이상의 인류가 배고픔에서 벗어날 수 있을까?

'논증적 질문' 만들기

다양한 관점을 고려하고 타당한 주장을 구성하도록 'A인가 B인가?'로 묻는다.

- 지구의 온도를 낮추는 일은 가능한가? 불가능한가?
- 재생 에너지 생산에 투입되는 연료의 양을 고려할 때 생산량이 적은데, 재생 에너지 개발에 시간과 비용을 투자하는 것이 합리적인가?

'정서적 질문' 만들기

신념과 의견을 자신만의 방식으로 표현하도록 '~에 대한 의견은 무엇인가?', '느끼고 생각하는 것이 무엇인가?'의 틀로 묻는다.

- 가장 명확하고 단순하게 실천할 수 있다며 저자가 제시한 '소비 줄이기'에 대한 의견은 무엇인가?
- 우리가 풍요로워지기 위해서 노력한 과정이 지구에 어떠한 영향을 미쳤다고 생각하는가?

'개인적 질문' 만들기

자신이 배운 것과 더 배우고 싶은 것에 대해 숙고하도록 '여러분은 ~에 대해 무엇을 배우고 싶은가?'의 틀로 묻는다.

- 우리는 어떻게 덜 소비할 수 있는가?
- 우리 주위 식물은 장식 이상이라고 하는데, 각 학급에서 진행하는 식물 키우는 활동은 이산화탄소 감소량에 어떤 영향을 줄까?

『나는 풍요로웠고, 지구는 달라졌다』를 읽은 학생이
'질문의 틀'을 활용하여 만든 질문

내가 고른 질문 유형	질문 내용
정서적	우리는 필요로 하는 식량을 생산하기 위해 예전보다 농지를 더 적게 쓰고 더 적게 보고하며, 농작물 그 자체도 개선했다. (농사를 효율적으로 지을 수 있게 하는 비법이 뭐냐) 우리가 풍요로워지기 위해 우리가 노력한 과정에서 지구에 미치는 영향은 만족스러운 영향인가?
성찰적	육류, 생산량이나 지구상의 먹을 수 없는 곡물의 젯1이 사라지는 것을 알면서도 육류 생산량을 줄이지 않는가? 매일 수많은 에너지 필요량을 초과한 만큼의 육류를 생산하기를 멈추지 않는 것인가?
사판적	배면 버려지는 라면과 책들의 영향 이프리카 대륙 전체가 필요로 하는 라면 및 책들의 양과 비슷하다. 음식은 버려지지 않고 아프리카 대륙으로 전달할 수는 없을 것인가? 식물은 재생배하는 일이 복잡한가지 않다고 이해가는데 정신에서는 이루어지지 않는 이유가 무엇인가?
분석적	한 나라에 들어오는 세계적인 부로복스와 그 어떤 혜택도 받지 못하는 수억명의 사람들이 존재하고, 혜택을 받는 수량도 사람들도 증가한다. 이 그래에서 영향이 혜택받는 없는 것인가? 더 어떤 지역에서는 노동자 수는 더 많이 한 세계 경제 가치에 미치는 영향과 노동의 가치는 더 적게 측정하는가?
논증적	재생 가능하다고 얻하는 에너지라울 생산하는데에 역로가 필요하고 생산해도 그 양이 너무 적다. 그런데도 재생 에너지로 개발하는데 시간과 비용을 투자하는 게 맞을까?

토론하기

개인 질문을 추린 후 모둠별로 대표 질문을 뽑아 토론한다.

인간이 풍요롭지 않았더라면 지구는 달라지지 않았을까?

50년 전보다 지구 인구는 두 배, 육류 생산량은 세 배, 비행기 승객은 열 배가 늘어날 만큼 인간은 풍요로워졌다. 반면 지구 표면 평균 온도는 화씨 1도가 올랐고 평균 해수면은 10센티미터가 높아졌다. 모든 어류와 식물 종의 4분의 1에서 개체 수 감소가 일어나며 지구는 달라졌다. 인간이 덜 풍요로웠다면 지구는 분명 지금과는 다를 것이다.

'나는 풍요로웠고, 지구는 달라졌다'의 의미는 무엇인가?
책 제목에서 '우리'라는 단어를 쓰지 않고 '나'란 단어를 사용한 이유는 모든 인간을 의미하는 것이 아니기 때문이다. '지구'도 행성 자체를 말하는 것이 아니다. 음식을 과도하게 만들고 버림으로써 다른 사람의 생명을 없애는 사람인 '나'와 그 '나'가 낭비함으로써 굶주리는 또 다른 사람들을 '지구'라고 볼 수 있을 것이다. 우리는 지구의 자원을 이용해 음식을 제공받고 굶주리는 지구는 음식을 내어 줘야 하는 입장이라고 생각하기 때문이다. 그래서 '나'는 풍요를 누리고 '지구'는 고통 받고 달라진다는 의미라는 생각이 들었다.

처음부터 8가지의 틀에 맞춰 질문을 만들도록 하면 높은 난이도에 포기하거나 중간에 더는 못하겠다고 선언하는 학생들이 생긴다. 초반에는 8가지 틀 중에 3가지 유형을 골라 질문을 만들게 하고 익숙해지면 점차 늘린다.

틀을 제시하면 질문을 만들기 위해 생각을 많이 하게 되고 질문의 수준 또한 높아진다. 자기 생각에 따라 8가지의 틀을 변형하거나 틀에서 벗어난 질문을 만들 수 있다는 것을 주지시킨다.

> **'다양한 층위의 질문 만들기'를 지도할 때 참고하기 좋은 자료**
> 『이거 좋은 질문이야!』 에릭 M. 프랜시스 지음, 사회평론아카데미

'질문의 틀'로 다양한 층위의 질문 만들기

1. 다음의 질문 틀에서 3개의 유형을 고른 후 유형에 맞춰 개인 질문을 <u>3개</u> 만드시오.

구분	질문의 유형	예시 『나는 풍요로웠고, 지구는 달라졌다』
핵심적	~는 무엇인가?	'지구의 풍요'란 무엇인가?
사실적	누가 언제 어디서 무엇을	'글로벌 위어딩'이란 무엇인가?
분석적	~의 의도와 목적은 무엇인가? ~의 의미는 무엇인가?	'나는 풍요로웠고, 지구는 달라졌다'의 의미는 무엇인가?
성찰적	~의 이유는 무엇인가?	이 세상의 결핍과 고통은 인간의 무능함이라고 말한 이유는 무엇인가?
가설적	만약에 ~한다면, 어떻게 ~할지	인류의 소멸이 찾아온다면 우리는 어떤 행동을 취해야 하는가?
논증적	A인가 B인가?	지구의 온도를 낮추는 일은 가능한가? 불가능한가?
정서적	느끼고 생각하는 것이 무엇인가? ~에 대한 의견은 무엇인가?	가장 명확하고 단순하게 실천할 수 있다고 저자가 제시한 '소비 줄이기'에 대한 당신의 의견은 무엇인가?
개인적	여러분은 ~에 대해 무엇을 배우고 싶은가?	우리는 어떻게 덜 소비할 수 있는가?

내가 고른 질문 유형	질문 내용

2. 모둠별로 대표 질문을 뽑아 토론하고, 토론 내용을 기록하시오.

핵심 질문	토론 내용

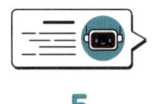

5
정보의 정확성을 스스로 평가하고 높이기: CRAAP

    인공지능의 가장 큰 문제점은 환각hallucination 현상이다. 인공지능이 생성해 낸 데이터에 10퍼센트 정도의 오류가 섞여 있기 때문에 검증하여 사용해야 한다. 인공지능의 정확성은 ChatGPT를 만든 OpenAI도 보장하지 않으므로, 사용자 스스로 판단하고 정확성을 높여서 써야 한다.[17] 우리는 인공지능 응답의 정확성을 판단하고 높이거나, 주어진 문제를 해결하기 위해 온라인 읽기를 병행한다. 인공지능을 비롯한 모든 텍스트를 의심하며 읽어야 하듯, 디지털 환경의 텍스트도 검증이 필요하다.

    불확실하고 모호한 디지털 환경에서 정보를 똑똑히 읽고 섬세하게 따져볼 때 CRAAP 질문은 유용하다. CRAAP를 활용하면 인터넷 링크를 클릭하기 전, 웹페이지를 읽는 중, 필요한 것들을 다 읽고 난 후 꼼꼼하게 질문할 수 있다. 그리고 그 질문에 답할 수 있는 근거를 자료에서 찾아보며 비판적으로 읽어 나갈 수 있다.

> **CRAAP**[18]
>
> 디지털 자료를 평가할 때 **C**urrency(최신성), **R**elevance(관련성), **A**uthority(권위), **A**ccuracy(정확성), **P**urpose(목적) 5개의 기준을 종합하여 신뢰도를 점검할 수 있는데, 이를 줄여서 CRAAP로 부른다. 정보의 가치를 하나의 기준으로 판단할 수 없기 때문에 온라인 자료를 평가할 때 5개의 기준을 고려한다.

 문해력 수업

심화 영어 시간에 주제 탐구 발표research project 준비 과정에서 CRAAP 질문을 활용했다. 먼저 학생들에게 진로와 연계하여 탐구하고 싶은 주제를 골라 책과 인터넷의 자료를 읽고 발표하는 과제를 주었다. 이때 '알아서' 자료를 조사하게 하면 인터넷 문서 한두 개를 읽고 복사하여 제출하기 때문에 자료를 찾을 때마다 CRAAP 질문을 떠올리며 검토하고 평가하도록 했다. 디지털 세계에서도 종이책을 읽듯 차근차근 읽고 따져 보는 노력을 강조했다.

다음은 '학교 밖 청소년 지원'에 관심 있는 한 학생이 문제 해결책을 조사하고 영어로 발표를 준비하는 과정에서 한 사이트의 정보를 활용하려고 평가한 내용이다.

- 사이트명: (청소년활동정보서비스) 청소년
- 사이트 주소: youth.go.kr

Currency(최신성)를 평가하는 질문
- 참고하려는 정보는 언제 게시되었나요? 2024년 1월
- 참고하려는 정보가 언제 업데이트되었나요? 2024년 1월

Relevance(관련성)를 평가하는 질문
- 내가 원하는 주제의 정보는 무엇인가요?
  정부가 제공하는 가정 밖 청소년 지원 서비스
- 참고하려는 정보가 적절한 수준인가요? 너무 쉽거나 어렵지 않나요?
  ☑ 예   ☐ 아니요
- 참고하려는 정보는 누구를 독자로 설정하고 있나요?
  자립이 필요한 가정 밖 청소년

Authority(권위)를 평가하는 질문
권위는 저자의 이름 또는 단체명을 확인하고 저자가 전문가인

지 파악하는 것에서 시작한다. 저자에 대한 정보를 파악하기 위해서는 홈페이지의 저자 소개 메뉴를 확인하거나 검색 엔진에서 저자의 이름으로 검색하여 소속 기관, 학위, 자격 여부를 파악한다. 웹사이트의 경우 URL에서 영리단체인지 비영리단체인지 확인할 수 있다. 보통 영리 기관은 'com/net', 비영리 기관은 'go/or', 교육기관인 학교는 'ac/hs/ms/es' 도메인을 사용한다는 점을 알려 준다.[19]

- 저자는 누구인가요? 한국청소년활동진흥원(KYWA)
- 저자의 소속 또는 자격은 무엇인가요?
  한국청소년활동진흥원(KYWA)
- URL에 저자 또는 출처에 대한 정보가 있나요?
  ☐ com/net go/or   ☑ ac/hs/ms/es

Accuracy(정확성)를 평가하는 질문

사실에 대한 근거가 정확한지 묻는 질문에 답하기 위해 인용문의 출처 제시 여부와 링크가 잘 열리는지를 확인하고 답한다. '청소년' 사이트에서는 청소년 복지지원법을 근거로 용어를 정의한다. 또한 '우리 동네 청소년 쉼터 연락처 보기'에 링크를 걸어 전국 청소년 쉼터를 연결하고 있다.

- 모든 인용문의 출처를 정확히 밝히고 있나요? ☑ 예   ☐ 아니요

- 사실에 근거한 정확한 정보를 제시하나요? ☑ 예   □ 아니요
- 링크를 클릭했을 때 연결이 잘 되나요? ☑ 예   □ 아니요

Purpose(목적성)를 평가하는 질문

탐구하고 있는 주제와 관련 있고, 최신성과 권위를 갖췄을지라도 목적이 연구나 공익을 위한 것이 아니라면 정보를 활용하는 것이 적합한지 따져 봐야 한다.

- 참고하려는 정보의 목적은 무엇인가요?
  □ 설명/정보 제공   ☑ 설득   □ 판매   □ 기타:
- 정치적·이념적·문화적·종교적·제도적 또는 개인적 편견이 있나요?
  ☑ 예   □ 아니요

최종적으로 자료에서 근거를 찾으며 다섯 개의 질문에 답하고, 이를 토대로 디지털 텍스트를 참고해도 될지 판단한다. 적합하다고 여겨지면 탐색한 정보를 종합하여 의미 있게 재구성한다. 디지털 텍스트의 경우 하나의 주제에 대해 한 개의 문서를 보는 것보다 여러 출처로부터 다양한 정보를 살펴보고 모아서 해결책을 제시하는 것이 중요하다.

디지털 텍스트를 검토하고 질문에 답할 때는 어느 순서든 상관이 없지만 모든 항목에 응답하도록 한다. 또한 시험을 보듯 스트레스 받으면서 할 필요는 없지만 대충하지는 말라고 강조한다.

학생이 작성한 CRAAP 질문표

참고한 온라인 자료			조사내용	정보평가(상:O, 중:△, 하:☐)				
사이트명	접속일자	인터넷 주소		C최신성	R관련성	A권위	A정확성	P목적
예 청소년	2023.3.9	https://www.youth.go.kr	가출 청소년이 정부에서 받을 수 있는 도움	△	O	O	O	O
unicef	2023.3.31	https://www.unicef.or.kr	세계 아동노동 반대의 날, 아동노동 해결 방안	△	O	O	O	O
IMPACT ON	2023.3.31	impacton.net/news	굶는 아동노동 근절을 위한 계획	O	O	△	△	O
국가법령 정보센터	2023.3.31	law.go.kr	미성년자보호법	△	O	O	O	O

CRAAP 질문표(여러 개의 사이트)

아래의 5개 질문을 참고하여 디지털 텍스트의 적합성을 검토하고 평가하시오.

Currency 최신성: 언제 처음 쓰였나요?
Relevance 관련성: 참고하려는 웹사이트 게시글이 탐구에 도움이 되나요?
Authority 권위: 저자는 이 분야의 전문가인가요?
Accuracy 정확성: 출처를 정확히 밝히고 있나요?
Purpose 목적성: 웹사이트의 목적은 무엇인가요?

참고한 온라인 자료				정보평가(상:O, 중:△, 하:□)				
사이트명	접속 또는 게시일자	URL	조사내용	C 최신성	R 관련성	A 권위	A 정확성	P 목적
청소년	2024.9.10	youth.go.kr	가출 청소년이 정부에서 받을 수 있는 도움	△	O	O	O	O

CRAAP 질문표(한 개의 사이트)

자료에서 근거를 찾아 질문에 답하고, 참고하려는 정보의 적합성을 평가하시오.

사이트명		
URL		
기준	질문	응답
Currency 최신성	참고하려는 정보는 언제 게시되었나요?	년 월
	참고하려는 정보는 언제 업데이트되었나요?	년 월
Relevance 관련성	내가 원하는 주제의 정보는 무엇인가요?	
	정보가 적절한 수준인가요? 너무 쉽거나 어렵지 않나요?	☐ 예 ☐ 아니요
	참고하려는 정보는 누구를 독자로 설정하고 있나요?	
Authority 권위	저자는 누구인가요? 저자 이름을 쓰세요.	
	저자의 소속 또는 자격은 무엇인가요?	
	URL에 출처에 대한 내용이 표시되어 있나요?	☐ com/net ☐ go/or ☐ ac/hs/ms/es ☐ 기타
Accuracy 정확성	모든 인용문의 출처를 정확히 밝히고 있나요?	☐ 예 ☐ 아니요
	사실에 근거한 정확한 정보를 제시하나요?	☐ 예 ☐ 아니요
	링크를 클릭했을 때 연결이 잘 되나요?	☐ 예 ☐ 아니요
Purpose 목적성	참고하려는 정보의 목적은 무엇인가요?	☐ 설명/정보 제공 ☐ 설득 ☐ 판매 ☐ 기타:
	정치적·이념적·문화적·종교적·제도적 또는 개인적 편견이 있나요?	☐ 예 ☐ 아니요
최종평가	☐ 적합 ☐ 일부 적합 ☐ 부적합	

3장

여러 텍스트로 답을 찾아가는 문해력

읽고 쓰기의 생태계에 '인공지능'이란 새 친구가 전학을 왔다. 못하는 일이 없다는 소문을 몰고 온 화제 속의 친구였다. 기대와 호기심을 가득 담아 새 친구에게 말을 걸어 보았다. 새 친구는 놀랍게도 상대의 말을 한마디도 놓치지 않고 기억하며 묻는 말에 성실히 답했다. 무난하고 평범한 말을 주로 하는데, 답하기 어려울 땐 얼렁뚱땅 흐릿한 말로 넘기는 버릇이 있었다. 그럴싸한 답을 하지만 속이 빈 강정처럼 알맹이가 없는 말을 꺼낼 때도 있었다. 소문과 달리 빈틈이 꽤 많은 친구였지만 우리는 동방예의지국의 학생답게 공생할 방법을 궁리했다. 그 방법은 새 친구 인공지능의 손을 놓지 않고, 기존에 친하게 지내던 종이책, 인터넷 친구와 돈독한 관계를 유지하는 것이다.

새롭게 등장한 인공지능과 종이책, 인터넷이 엮이는 교실을 상상해 보았다. 가끔씩 놀라운 역량을 보여 주는 인공지능에게 전적으로 기대어 지식을 구성하지 않는 이유는 인공지능의 빈틈이 많기 때문이다. 인공지능은 평균을 지향하기 때문에[20] 정보의 양을 기준으로 선별한 데이터를 우리에게 제공한다. 또한 품질이 확인되지 않은 디지털 텍스트를 참조하기 때문에 원자료의 오류를 그대로 보여 준다.[21] 결국 사용자인 우리가 여러 문서를 다시 살피며 비판적으로 판단해야 한다. 원자료를 직접 찾아 검증하고 다른 맥락에서 정보를 해석하며 환각 현상 문제에 대처할 수 있어야 한다. 더불어 여러 텍스트를 읽고 소화하여 창의적으로 재구성하는 힘을 키워야 한다. 여기서 말하는 여러 텍스트란 책, 신문, 동영상 등 모든 매체의 자료를 말하지만, 이 장에서는 신문, 뉴스레터, 잡지와 뉴스 빅데이터, 학술기사 5가지 텍스트를 활용하는 법을 다룬다. 텍스트의 종류에 따라 달라지는 내용 전달 방식, 텍스트 밑에 숨겨진 목소리를 읽는 법을 소개한다. 책 외에 다양한 정보원의 텍스트를 경쟁 구도로 보지 않고, 놓치고 있는 것들을 다시 들여다볼 것이다. 지금부터 다양한 물성의 자료로 자세히, 면밀히, 깊이 있게 읽고 쓰는 방법을 탐구해 보자.

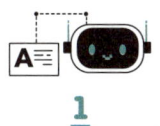

1

최신 사례로 답 검증하기: 신문 기사

교과 핵심 주제와 관련한 이슈, 최신 사례 등 생동감 있는 텍스트가 필요할 때 교과서의 대안으로 신문 기사를 활용한다. 신문 기사를 활용할 때 미디어 텍스트로서의 특징, 사설·칼럼·스트레이트 기사의 특성과 함께 떠올려야 할 질문[22]을 다루면 학생들은 정보를 읽고 습득하는 것에서 나아가 비평가로서의 눈을 키울 수 있다. 평소에 잘못된 정보를 걸러내는 비판적 사고와 생각의 균형감을 길러 둔다면 인공지능의 논리적 오류, 정보 편향성 문제에 지혜롭게 대처할 수 있을 것이다.

> **스트레이트 기사**straight article
> 기자가 취재한 뉴스를 독자에게 전달하는 기사문의 기본 형태로 사

실^{fact}과 취재원^{source}으로 구성된다. 육하원칙^{5W1H}으로 취재 사항을 정리한다.

칼럼^{column}

여러 분야의 전문가가 정치, 경제, 사회, 문화 등의 쟁점에 대해 자기 논리를 밝힌 글이다. 특정한 쟁점에 관한 주장을 펼치며, 그 근거를 내세워 독자를 설득한다.

사설^{editorial}

신문사의 의견, 주장이 강하게 드러나며 사회적 쟁점을 두고 주장이 극명하게 나뉘는 사설이 많다.

문해력 수업

요즘은 종이 신문 구독자가 줄어들어 인터넷 신문을 복사하거나 캡처하여 읽는 경우가 많은데, '영어권 문화' 수업에서는 종이 신문을 사용했다. 〈The Korea Times〉 영자 신문을 배부하고, '영어 기사 비평하기' 과제를 제시했다. 종이 신문에서만 볼 수 있는 표식, 기사의 배치, 기사의 순서 등 신문의 구성 요소를 관찰하며 기사를 고르는 것부터 학습의 과정으로 지도할 수 있다. 종이 신문을 구하기 어렵거나 인터넷 신문을 사용할 계획이라면 빅카인즈 사이트(www.bigkinds.or.kr)를 이용한다.

활동 이해하기

교사는 영어 시간에 영자 신문을 읽는 의미, 신문의 매력, 읽는 방법에 대해 설명한다. "영자 신문을 읽으면 영어권 화자들의 실제적 언어 사용의 예를 접하며 국가의 사회상과 문화적 배경을 이해할 수 있어요." "종이 신문은 관심 없는 광고도 눈에 들어오지만, 관심 없는 콘텐츠를 접할 기회도 생겨 에코챔버[echo chamber 23]에서 벗어날 수 있어요." 종이 신문이 낯선 학생들을 위해 실제 신문을 펼쳐 사설, 칼럼, 스트레이트 기사의 배치를 보여 주고, 유형별로 읽는 방법을 시연한다.

> **스트레이트 기사를 읽을 때 떠올려야 할 질문**
> - 기사의 제목과 본문에 기자의 판단이 담겨 있지 않은가?
> - 기사를 쓰기 위해 만나거나 통화한 사람 및 기관이 누구인가?
> - 이해가 상충되는 양쪽 당사자의 목소리를 독자에게 전달하고 있는가?

칼럼을 읽을 때 질문

- 칼럼을 쓴 목적과 글쓴이가 사용한 자료는 무엇인가?
- 글쓴이가 생각하는 해결책은 무엇인가?
- 글에 나오는 개념 또는 이론은 무엇인가?
- 글 속에 담긴 전제조건은 무엇인가?
- 글쓴이의 관점(방향성, 시각)은 무엇인가?

사설을 읽을 때 질문

- 주장과 근거는 무엇인가?
- 근거 설명은 구체적이며 타당한가?
- 어느 쪽을 대변하고 있는가?
- 사설을 낸 의도는 무엇인가?

기사 스크랩

학생들은 신문을 한 장 한 장 넘기며 스크랩할 기사를 찾는다. 모든 내용을 읽어 보고 결정하기란 불가능하므로 헤드라인^{headline}을 중심으로 읽는다. 어떤 기사로 구성되어 있는지, 사설과 칼럼은 어디에 있는지, 기사와 사진은 어떠한 연결고리를 갖는지 생각하며 마음에 드는 기사를 골라 가위로 오린다. 기사를 오려 붙인 후 기사의 제목, 출처, 선정 이유를 쓴다. 신문의 물성을 느끼며, 가위로 오리고 풀칠을 하는 과정에서 학생들의 집중력이 높아진다.

칼럼 기사를 읽은 학생의 예

- **제목**: American happiness just hit a new low. Don't blame your parents
- **출처**: 2024.4.3. Virginia Heffernan, 참고한 쪽 13
- **기사 선정 이유**

처음엔 기사의 제목만 읽고 직관적으로 '아 미국 2030 청년이 행복하지 않다는 것에 대한 기사구나'라고만 생각했다. 그런데 읽다 보니 지혜가 있는 60대 기자가 '행복할 수 있는 방법'에 무게를 두어 서술하고 있어서 흥미가 생겼다.

기사를 읽고 내용 요약하기

교과서 내용과 기사 속 현실 사이의 연결성을 확인하며 교과서의 개념, 원리, 내용을 연결해 지식을 확장한다. 보도 기사라면 사실과 의견, 원인과 결과 등을 중심으로 중요한 문장에 밑줄을 긋거나 표시하며 핵심 내용을 간추린다. 의견 기사인 칼럼이나 사설이라면 주장과 근거를 중심으로 요약한다. 요약할 문장의 수는 기사 분량에 따라 자유롭게 결정한다.

- **요약 내용**: Gallups worldwide happiness 설문조사에 근거해

2030 미국인들이 불행한 이유와 60대 미국인이 행복한 이유를 분석한 기사이다. 2030세대와 60대는 매우 반대되는 특성을 지닌다. (생략)

생소한 어휘나 모르는 용어 찾아 쓰기

어휘력이 빈약하면 글을 읽고 이해하여 설득할 힘도 부족해진다. 기사에서 모르는 단어를 만나면 동그라미를 치거나 형광펜으로 표시한 뒤에 그 뜻을 찾아 정확하게 이해한다.

- **Nordic**: 북유럽 국가의
- **amnesia**: 기억상실증
- **cohort**: 집단

기사에 대한 내 생각 쓰기

기사 전문에 나타난 핵심 내용을 바탕으로 자기 생각을 논리적으로 정리한다. 가능하면 자기주장을 확실히 드러내고 근거는 구체적 예시를 들어 설명한다.

세상을 살아가며 여러 외부 요인에 의해 자아가 충분히 단단해져 노인이 될 즈음엔 마음이 평온한 상태를 유지하게 될 수 있다는 문장을 읽고 많은 생각이 들었다. 내가 지금 겪고 있는 다양한 곳에서 발현된 힘듦이 쌓이고 쌓여 '나의 지혜'가 될 것이란 생각이, 내 스트레스들과 아픔들을 미시적으로만 보지 않게 해줘서 위로가 되었다.

더 알고 싶은 내용 또는 질문 쓰기

기사를 읽고 더 알고 싶은 내용과 풀리지 않은 질문, 새롭게 떠오른 질문을 쓴다.

우리나라의 청년층도 미국과 비슷한 상황이므로 우리나라 청년들이 제기하는 문제들에 대해 더 알고 싶다.

신문 기사 비평하기 수업을 할 때 다음 3가지 사항에 유의한다. 첫째, 만약 활동지의 모든 항목을 정리하기 힘든 환경이라면 처음에는 낯선 어휘나 모르는 단어 찾기부터 기사 내용 요약 활동까지만 한다. 이 활동을 여러 번 반복하여 익숙해지면 기사 내용에 대한 '내 생각 정리'를 추가한다. 둘째, 신문 기사의 생산자가 사용하는 글의 형식과 장르도 고려하도록 강조한다. 읽고, 소화해야 하는 텍스트가 짬뽕인지, 파스타인지 알고 먹는 것과 모르고 먹는 것은 다르다. 기사문의 생산자와 본질을 파악하며 그 글이 어디에서 무슨 이유로 왔는지 관심을 갖고 읽도록 설명을 덧붙인다. 셋째, 교사는 학생이 추가적으로 작성한 질문을 통해서 내용을 정확히 이해했는지 파악하고 피드백을 제공한다.

학생이 작성한 신문 기사 비평

기사 제목	American happiness just hit a new low		
기사 출처	발행일(2024년 4월 3일), 기자 이름(Virginia Heffernan), 참고한 쪽 (13-13)		
기사 유형	☐ 스트레이트 기사 straight article	☑ 칼럼 column	☐ 사설 editorial
기사 선정 이유	[Why I Choose the Article] 처음엔 제목만 읽고 직관적으로, '아, 미국 2030 청년들이 행복하지 않다는 것에 대한 기사이구나.'라고만 생각했는데, 읽다보니 지혜가 있는 60대 기자분이 '행복할 수 있는 방법'에 더 무게를 두어 서술 하셔서 좋아겠다.		
기사 내용 요약	[Article Content] 「Gallup's worldwide happiness」 설문조사에 근거해 2030 미국인들이 불행한 이유와 60대 미국인들이 행복한 이유를 분석한 기사이다. 요약해보자면, 2030 세대와 60대는 매우 반대되는 특성을 지니고 있었다. 60대는 문자 그대로, '최악'의 인플레이션 사태를 겪어본 경험이 있어 현재 미국에서 '뜨거운 감자'로 여겨지고 있는 바이든 대통령의 3.15% 인플레에 큰 불만이 없었던 것, 나이가 들수록 만사에 무심해지는 것, (뒷장에)		
생소한 어휘나 모르는 용어	모르는 단어	뜻	
	① Nordic	북유럽 국가의	
	② amnesia	기억상실증	
	③ cohort	집단	
기사에 대한 내 생각	[Opinion] 세상을 살아가며 여러 외부 요인에 의해 자아가 충분히 단단해져 노인이 될 즈음엔 마음이 평온한 상태를 유지하게 될 수 있다는 문장을 읽고, 굉장히 많은 생각이 들었다. 내가 지금 겪고 있는 다양한 곳에서 발현된 힘듦들이 쌓이고 쌓여 나의 지혜가 될 것이라는 생각이, 내 스트레스들과 아픔들을 비시적으로만 보도록 하지 않게 해주어 위로가 되었다. 그리고 나도, 기사를 작성하신 기자분과 같이 노화의 과정을 의연하게 받아들일 수 있는 어른이 되고싶다고 생각했다.		
더 알고 싶은 내용(질문)	우리나라의 청년층들도 이와 비슷한 상황에 처해있는 것 같다고 느껴 우리나라 청년들이 제기하는 문제들에 대해 더 알고 싶다고 생각하였다.		

> **'최신 사례로 답 검증하기'를 지도할 때 참고하기 좋은 자료**
> 『미디어 리터러시 교육 어떻게 할 것인가?』 권영부 지음, 지식프레임

신문 기사 비평하기 Article Critique

[과제 안내]
* 자신의 관심 분야 기사를 스크랩하여 뒷면에 붙인 후 빈칸을 채우시오.
- 기사 선정 이유: 3줄 이상 작성
- 기사 주요 내용을 요약하기
  스트레이트 기사는 육하원칙(5W1H) 중심, 사설 칼럼은 주장과 근거 중심
- 기사 내용에 대한 자신의 생각 쓰기: 5줄 이상

제목	
출처	발행일(년 월 일), 기자 이름( ), 참고한 쪽 (~)
유형	☐ 스트레이트 기사straight article ☐ 칼럼column ☐ 사설editorial
선정 이유	
내용 요약	
생소한 어휘나 모르는 용어	모르는 단어 / 뜻 ① ② ③
기사에 대한 내 생각	
더 알고 싶은 내용 (질문)	

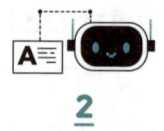

2

알고리즘에서 벗어난 세상 읽기: 뉴스레터

『백설공주』의 왕비처럼 "ChatGPT야, ChatGPT야, 정답은 무엇이니?"라고 질문하면 한 문장으로 정확한 답을 알려 주는 마법거울과 달리 ChatGPT는 방대한 분량의 글로 답을 줄 것이다. 학생들은 ChatGPT가 생성한 긴 글 읽기를 부담스러워하고, 대충 훑어보듯 내용을 살핀다. 신문 기사를 읽으며 학습할 때도 전문 용어와 긴 텍스트에 부담을 표시하곤 한다.

학생들을 위해 시사성 있는 읽기 활동이 필요한데, 신문 기사 읽기를 힘들어하는 학생이 많다면 인공지능에 먼저 묻기보다 검색 알고리즘에서 벗어난 '뉴스레터'를 대체재로 활용하는 것이 좋다. '읽는 맛'과 '지적 재미'로 가득한 뉴스레터를 제공하면 학생들의 동기를 끌어내 '세상 읽기'의 세계로 입문시킬 수 있다. '실시간 검색이 가능한 SearchGPT가 있으니 인공지능 하나로도 충분해' 이렇게 인공지능에게 안주하려는 학습자가 있다면 뉴스레터와 ChatGPT에 동일한 질문을 넣고, 답을 비교·해석하여 사실 여부를 알아차리게 한다.

뉴스레터 Newsletter

- **개념**: 단체나 기관에서 활동하는 주제의 최신 정보를 알리기 위해 정기적으로 발행하는 연속 간행물로 개인 메일함을 통해 받아 볼 수 있다.
- **장점**: 뉴스레터는 인터넷 뉴스와 달리 검색 알고리즘에서 벗어난 진정성 있는 읽기 자료, 시사성 있는 글을 제공하여 자기주도적 학습을 가능하게 한다.
- **특징**
  - 시각 요소인 일러스트레이션, 실사 이미지, 인포그래픽을 보조적 도구로 사용하여 독해를 쉽게 할 수 있게 도와준다.
  - '하이퍼링크'를 통해 비판적 사고에서 가장 중요한 '사실 검증' 작업을 자연스럽게 할 수 있다.[24] 머릿속에서만 시뮬레이션하는 것이 아니라 근거가 필요한 문장을 물리적으로 클릭하고 다른 하이퍼텍스트로 이동해 직접 본문 내용의 근거를 확인하는 경험을 하면서 비판적 사고력을 키울 수 있다.

 **문해력 수업**

국어 시간에 난민 지원 단체 아시아평화를향한이주(MAP)에서 발행하는 '디스플레이스드 DISPLACED25)' 뉴스레터를 읽는 활동을 했다. 디지털 텍스트를 읽은 후에 핵심어를 열거하는 것이 기억과 이해에 도움이 되므로26) 열 개의 중요 단어를 해시태그하고, 한 줄 요약문을 작성하도록 했다.

활동 이해하기

"알고리즘이 망가트린 인터넷 생태계에서 진짜 읽고 싶은 글, 가치 있는 글을 찾아 읽어본 경험이 있나요?"

"가짜 뉴스를 판별할 여유는 없는데, 관심 분야의 뉴스나 이슈에 대해 알고 싶다면 뉴스레터를 이용하세요."

"지금부터 난민 지원 단체에서 정성껏 작성한 뉴스레터를 읽으며 난민 관련 최신 세계 동향, 국내 이슈에 대해 알아봅시다."

교사는 난민 뉴스레터를 화면으로 띄우고, 시각적 요소와 하이퍼링크를 활용해 뉴스레터를 읽고 요약하는 방법을 시연한다. "하이퍼링크를 클릭하면 한 '장소'에서 다른 곳으로 이동할 수 있는데, 이것은 온라인 텍스트가 갖는 고유한 특징이에요."

본문 이미지 읽기

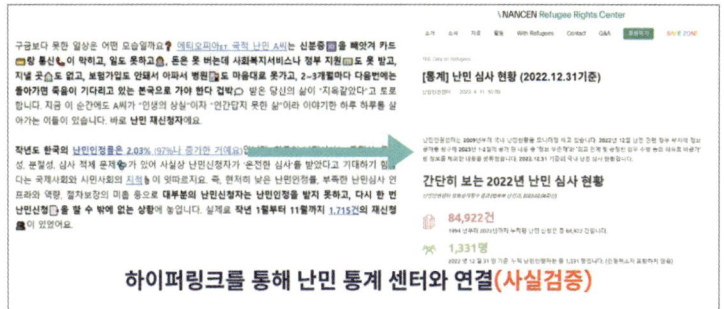

하이퍼링크 활용하기

과제 예시

3장 여러 텍스트로 답을 찾아가는 문해력 113

뉴스레터 고르기

뉴스레터 사이트에 접속하여 헤드라인 중심으로 훑어 읽으면서 마음에 드는 기사를 고른다.

뉴스레터 제목: 캐나다 언론인 난민 정책(디스플레이스드 13호)

일러스트레이션 또는 실사 이미지 읽기

본문보다 먼저 등장하는 실사 이미지, 그림을 살펴본다. 주제를 설명하는 이미지, 그림을 보면서 문제 상황이 실제 현실과 유리된 것이 아님을 파악한다. 글머리의 기호, 강조하기 위해 표시한 글씨의 색깔 같은 인포그래픽 요소도 놓치지 않고 꼼꼼히 읽는다.

2020년 저널리스트가 살해당한 지역[27]

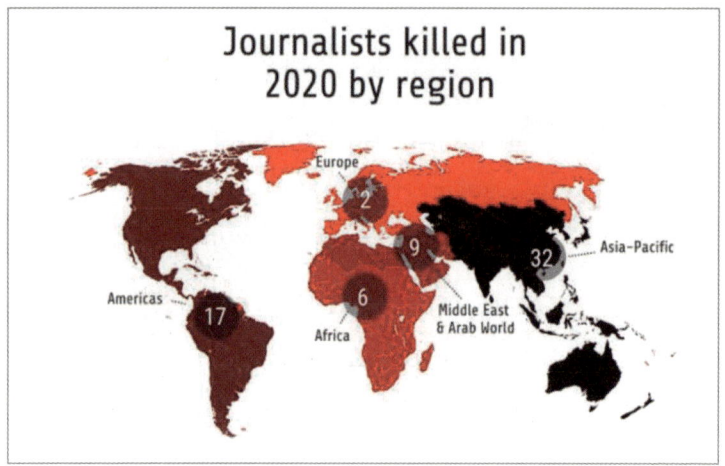

하이퍼링크 활용하기

파란색이나 밑줄로 표시하는 일반적인 하이퍼링크와 달리 뉴스레터의 하이퍼링크는 다양한 색으로 표현된다. 근거가 필요한 문장 또는 단어는 파란색이나 밑줄이 아니어도 지나치지 않고 클릭한다. 하이퍼링크를 통해 연결되는 기사 원문, 조사 결과, 논문, 통계자료, 정부 발표 자료, 사진과 영상을 확인하며 보충 학습을 한다.

본문 하이퍼링크

2020년은 전 세계적으로 여성 언론인 박해가 급증한 해이기도 해요. 여성 언론인 연합(CFWIJ)이 수집한 자료에 따르면 2019년 여성 언론인의 언론의 자유 침해 건수는 291건이었는데 2020년에는 716건으로 2.5배 증가했어요. 여성 언론인들이 일하면서 신체적 공격, 성적 공격, 위협을 받고 살해되었어요.[28]

'연결된 기사문'으로 사실 검증

핵심 단어 해시태그

읽기를 마친 후 중요하다고 생각하거나 사고를 자극한 핵심 단어를 10개 내외로 뽑은 후, 해시태그 형식으로 적는다.

#언론인 #신변위협 #캐나다 #특별난민정책 #난민지위결정 #취약성 #우선순위 #위험 #언론인박해

요약하고 의견 쓰기

10개의 해시태그 단어를 이용해 뉴스레터 본문을 한 줄로 요약한다. 요약문을 작성하고 나면 댓글로 자신의 경험과 관점에 맞게 의견을 쓴다. 예를 들어 난민들과 함께하는 따뜻한 세계를 꿈꾼다면 난민들이 하루 빨리 한국 사회에서 존엄을 회복하길 바란다고 생각을 밝힌다.

(요약)

과거 있었던 언론인 박해처럼 최근에도 언론인들은 신변 위협 위험에 놓여 있다. 이를 해결하기 위해 캐나다에서는 언론인을 난민 결정 우선순위에 두는 특별 난민 정책을 시행하려고 한다.

(댓글로 밝히는 내 생각)

내전으로 인해 언론인도 난민이 될 수 있다. 또한 언론인을 위한 특별 난민 정책이 있어야 사람들이 정확한 보도를 통해 정보를 얻을 수 있을 것 같아 이 제도가 잘 시행되었으면 좋겠다.

다른 학생이 쓴 뉴스레터 요약을 읽고 댓글 달기

다른 학생이 요약한 뉴스레터 기사를 클릭하여 읽고 의견을 댓글로 쓴다. 이때 '추천', '잘 썼다'처럼 한 단어, 한 문장으로 쓰지 않도록 주의하며 자신의 생각이 드러나도록 구체적으로 작성한다.

A학생: 정확한 보도를 위해 정의를 실현하려는 언론인이 난민이 되지 않도록 보호해야 한다.

B학생: 언론인이 난민으로서의 취약성이 높고 위협받기 쉬운 자리인 것은 맞다. 하지만 무조건 그들을 우선시하느라 다른 난민을 차별하지 않았으면 좋겠다. 언론인을 우선시하는 것은 그 나라 국민들의 대변인 역할을 할 수 있기 때문이지 직업의 우월성 같은 것이 아니기 때문이다.

이 수업은 뉴스레터 본문을 읽은 후 주제 관련 영상을 시청하며 심화학습으로 이어갈 수 있다. 교사는 학습에 필요한 뉴스레터를 선정할 때 글의 하이퍼링크가 살아 있는지 사전에 확인해야 한다. 하이퍼링크의 품질과 신뢰도가 낮다면 해당 사이트를 읽기 자료로 활용하지 않는다. 학생들이 해시태그 단어를 활용하여 한 문장으로 요약하기를 어려워한다면 해시태그 단어의 개수를 조정하여 난이도를 낮출 수 있다.

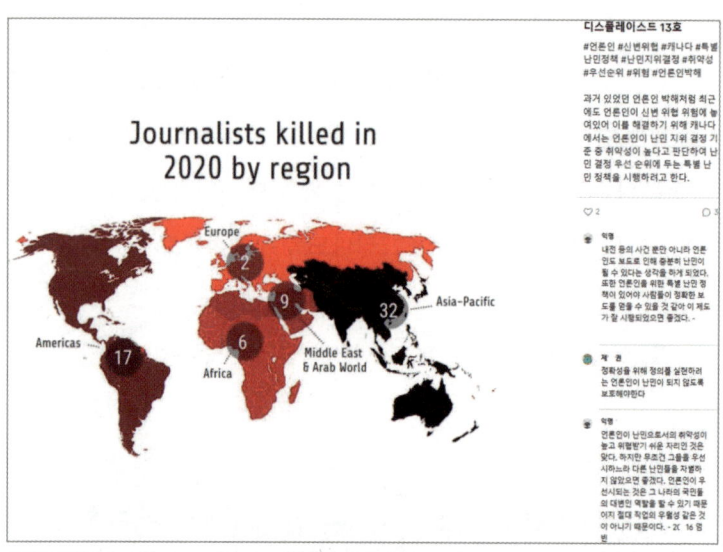

뉴스레터: 10개 해시태그하기

	뉴스레터 이름
	뉴스레터 기사 제목
	뉴스레터 호수(발행일) : 　　　호(　　　년.　　월.　　일.)
(뉴스레터 기사의 대표 이미지 넣기)	중요 단어 해시태그(10개)
	해시태그 단어를 이용해 요약문 쓰기
	댓글로 자기 의견 밝히기
(URL 주소 넣기)	친구가 작성한 뉴스레터 원문을 클릭하여 읽고 댓글로 의견 쓰기

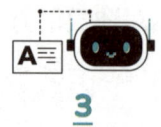

3

인공지능에 없는 삶의 문제 만나기: 잡지

"굳이 종이 잡지를 하나하나 펼치며 잡지 기사를 찾아 읽어야 할까요?"

"주제 동향은 SearchGPT와 같은 인공지능 검색 서비스를 이용하는 게 더 편리한데요?"

유튜브와 게임의 세계에서 시간을 보내던 학생에게 잡지 읽기 활동을 제안하면 예상하지 못한 질문들이 튀어나온다. 무엇이든 물어보면 척척 답을 주는 인공지능의 편리함을 뒤로 하고 잡지 읽기 수업을 하는 이유가 있다.

첫째, 양서를 통해 세상 읽기의 힘을 키워 주고 싶은데 1~2차시 수업만 가능할 때 잡지는 훌륭한 대체재가 된다. 특히 입시를 앞둔 고등학교 3학년 대상, 수능 선택 과목의 수업에서 유용하다.

둘째, 긴 글 읽기를 힘들어하는 학생들에게 잡지 기사는 읽기 부담을 낮춘 매력적인 자료가 된다. 설명을 뒷받침하는 이미지와 그래프를 따라가다 보면, 비판적 읽기의 핵심인 '사실 검증'을 자연스럽게 할 수 있다.

셋째, 종이 잡지로 교과 개념의 실제 사례를 접하고 주제 동향 정보에 접근하면, 우리가 무심코 지나치는 삶의 문제들을 자연스럽게 만날 수 있다. 온라인 세계 속 광고 회사의 알고리즘으로 나의 제한된 관심사 안의 한정된 글만 노출되는 상황, 보고 싶은 기사만 클릭하게 만드는 장치에서 자유로워진다.

넷째, 디지털 세계, 인공지능의 세계에 모든 정보가 있다고 생각해서는 안 된다. 잡지사에서 가치를 담은 정보와 사진의 인쇄본을 유료 구독자에게만 공유하는 경우가 많다. 〈내셔널지오그래픽〉 잡지의 경우 기사 내용 중 한두 문단만 온라인에 공개한다.

잡지 magazine

- **개념**: 여러 가지 내용의 글을 모아 일정한 간격을 두고 정기적으로 편집하여 펴내는 정기간행물
- **목적**: 시사 잡지는 정치 동향과 실태를 대중에게 전하고, 어린이 잡지는 어린이를 위한 동화나 만화, 학습 내용과 유쾌한 정보를 전달한다.
- **발행 주기**: 주간, 격주간, 반월간, 월간, 계간, 연간 등 다양하다.

 **문해력 수업**

세계지리 시간에 '내셔널지오그래픽 입지만 말고, 읽자'란 슬로건을 내걸고, '세계화와 지역 이해'를 주제로 잡지 읽기 수업을 했다. 입시를 앞둔 고등학생들과 긴 호흡으로 양서 읽기 수업을 할 수 없어서 1차시 정도의 짧은 호흡으로도 가능하도록 학습 주제와 관련된 최신 이슈를 읽도록 했다.

활동 이해하기

교사가 먼저 〈내셔널지오그래픽〉 잡지에서 기사 한 개를 예시로 띄우고 읽는 방법을 보여 준다. 잡지 기사를 읽을 때 글의 제목과 부제, 소제목, 도입부와 마무리 부분을 주의 깊게 읽도록 강조한다. 사진과 삽화에서 인물, 공간, 시대, 계절을 파악한 후 무엇을 알 수 있는지 추론한다. 교사가 도표, 지도, 다이어그램 등 이미지가 담고 있는 정교한 정보를 어떻게 읽고 해석하는지 시연하면 학생들은 시각 이미지를 비판적으로 읽어 낼 수 있다.

'<내셔널지오그래픽> 잡지 읽고 요약하기' 강의 슬라이드

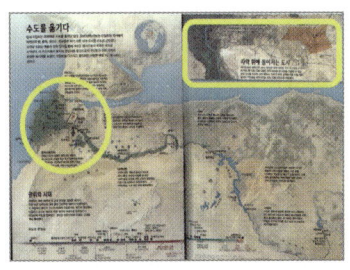

마음에 드는 잡지 고르기

교사는 수업 시작 전 잡지 표지가 잘 보이도록 책상이나 칠판에 전시한다. 학생들은 쇼핑을 하듯 잡지의 표지와 목차를 살피며 마음에 드는 잡지를 1~2종 고른다.

몇 월호인가? 내셔널지오그래픽 2022년 3월호
참고한 페이지 22쪽~49쪽

읽고 싶은 기사를 선택하여 읽기

목차와 이미지, 글의 제목을 중심으로 내용을 훑어보며, 읽고 싶은 기사 1개를 고른다. 활동지에 기사의 주제, 기사 선택 이유, 대상 국가 및 지역을 쓴다. 비언어적 텍스트가 정교한 정보를 제공하므로 잡지 기사를 읽을 때 지도, 삽화, 도표, 다이어그램을 꼼꼼히 읽는다. 다음은 지역의 정체성 변화에 영향을 주는 사례를 조사하기 위해 잡지 기사를 고른 학생이 정리한 내용이다.

기사 제목 겨울을 사수하다

기사 주제 지구온난화로 사라져가는 알프스 산맥의 빙하 보존법

대상 국가 및 지역 스위스, 오스트리아 등

기사를 선택한 이유 평소에 눈이나 빙하 그리고 기후 온난화 문제에 관심이 많았다.

내용 요약하기

세부 아이디어를 파악하고 자신의 말로 핵심 아이디어를 추려 요약문을 작성하는 단계이다. 기사를 읽으며 중요 단어 3개를 찾아 쓰고, 핵심 내용을 2가지로 정리하여 쓴다.

기사의 중요 키워드 기후위기, 알프스 산맥의 관광업, 눈 보존

기사의 핵심 내용
- 19세기 이후로 알프스 산맥의 평균 기온은 2도 올랐다. 이곳의 사람들은 눈을 활용한 관광업에 종사하는 사람이 많다.
- 녹고 있는 눈을 보존하기 위해 여러 인공적인 방법들을 시행하고 있지만 수백만 달러를 필요로 하고 국지적 효과만 볼 수 있다.

느낀 점과 궁금증 쓰기

기사를 읽으며 궁금증이 떠오르면 해당 문단에 물음표를 붙이

고 질문을 쓴다. 여러 개의 질문 중 가장 궁금한 질문 1개를 골라 활동지에 쓴다.

나의 생각

기후 변화로 빙하가 녹고 있다는 것을 뉴스 등으로 소식을 접했지만 눈을 보존하기 위해 여러 시도를 하고 있다는 사실에 대해서는 알지 못했다. 알프스 산맥의 스키장들이 인공 눈을 비축해 관광업을 유지하려는 시도가 인상 깊었다. 하지만 적설량 감소에 대비하기 위한 근본적 해결책이 필요해 보인다.

궁금증

지구온난화로 인해 몇몇 추운 지역들에 더 많은 눈이 내리는 이유는 무엇인가?

궁금한 이유

다른 지역들은 적설량이 감소하고 있는데 특정 지역에서는 왜 더 많은 눈이 내리고 이로 인해 영구동토층이 붕괴되는지 궁금하다.

잡지 읽기 수업을 할 때 유의할 점은 다음과 같다.
첫째, 교과별로 수업 시간에 배운 개념을 활용할 수 있는 잡지를 준비하고, 학생의 흥미와 수준에 맞는 기사를 선정하여 읽도록 안내한다. 예를 들어 학생부 종합 전형에 응시하는 학생에게는 진로 희망 분야와 연계된 기사를 골라 읽도록 한다.

둘째, 활동지의 항목은 여건에 따라 빼고 넣는 것이 가능하지만 궁금증 쓰기는 되도록 포함한다. 잡지 기사의 내용을 정확히 이해하고 내면화해야 질문을 만들 수 있다. 시간적 여유가 있다면 좋은 질문에 대해 학급에서 공유하고 답을 찾는 과정을 추가한다.

셋째, 잡지 읽기 수업의 최적화된 교내 장소는 도서관이지만 움직이는 걸 아주 싫어하는 고등학교 3학년 수업이라면 교실에서 학생들에게 관심 있는 잡지를 고르게 한 후 읽게 한다.

학생이 작성한 잡지 읽기 활동지

[세상을 읽는 노란 창! shinmok geographic]

필독 : 모든 항목을 작성해야 하며, 분량이 빈약하면 내용을 평가하기 어려워 감점될 수 있음

잡지를 읽고 신목 학생들에게 소개하고 싶은 기사 찾아 정리하시오.
- 자신이 선택한 잡지는 몇 월호인가? 20 22 년 3 월
- 참고한 페이지는? 22 ~ 49

1. 기사의 주제는? 지구온난화로 인해 사라져가는 알프스 산맥의 빙하로 보존하는 법

2. 대상 국가 및 지역은? 스위스, 오스트리아 등
3. 기사를 선택한 이유는?

평소에 눈이나 빙하, 그리고 기후온난화 등에 관심이 있었다.

4. 기사의 중요 키워드 3개!

기후온난화	알프스 산맥의 마땅빙	눈 보존

5. 기사의 핵심 내용을 2가지 정리해보자

① 19세기 이후로 알프스 산맥의 평균 기온은 2°C 올랐다. 이 곳의 사람들으로 눈을 활용한 관광업이 종사하는 사람들이 많다.

② 녹고 있는 눈을 보존하기 위해 여러 인공적인 방법들을 시행하고 있지만 수백만 달러를 필요로 하고 추지게 효과적일 수 없다.

5. 기사와 관련해서 나의 생각(느낀점) 작성하기

기후 변화로 빙하가 녹고 있다는 것은 뉴스 등으로 소식을 접했지만, 눈을 보존하기 위해 여러 시도를 하고 있다는 사실에 대해서는 알지 못했다. 알프스 산맥의 스키장들이 인공 눈을 비축해 관광업을 유지하려는 시도가 인상깊었다. 하지만 근본적인 지구온난화 녹을 근본적인 해결책이 필요할 것 같다.

6. 기사를 읽으며 드는 궁금증(또는 질문) 한가지는?

궁금증: 지구온난화 인해 몇몇 특정 지역들에서 더 많은 눈이 내리는 이유

이유는: 다른 지역들은 강수량이 감소하고 있는데 특정 지역에서는 왜 더 많은 눈이 내리고 이로 인해 생태계들이 불리하는 지 궁금하다.

잡지로 세상 읽기

잡지를 읽고, 학생들에게 소개하고 싶은 기사를 찾아 정리하시오.
- 잡지 이름은? _____
- 기사 제목은? _____
- 자신이 선택한 잡지는 몇 월호인가? _____ 년 _____ 월
- 참고한 페이지는? _____ ~ _____

1. 기사의 주제는? _____

2. 대상 국가 및 지역은? _____

3. 기사를 선택한 이유는?
_____
_____
_____

4. 기사의 중요 키워드 3개를 쓰시오.

5. 기사의 핵심 내용 2가지를 정리하시오.
_____
_____
_____

6. 기사와 관련한 나의 생각(느낀 점)을 작성하시오.
_____
_____
_____

7. 기사를 읽으며 드는 궁금증(또는 질문) 1가지를 쓰시오.
궁금증: _____
이유는: _____

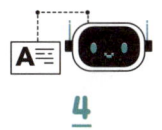

4

빅데이터로 문제 해결하기: 뉴스 빅데이터

"북극해 분쟁의 원인과 현황을 조사하고, 분쟁 해결을 위한 방안을 제시하시오."

"미세먼지 발생 원인과 인체에 미치는 영향을 조사하고, 피해를 줄일 수 있는 홍보물을 만드시오."

위와 같이 교과 핵심 개념을 실제 사회 문제와 연결하여 학습할 때 여론의 흐름과 사회적 관심을 포함하는 뉴스 빅데이터는 유용한 교재가 된다. 뉴스 빅데이터를 활용하면 실생활과 다소 유리된 기존 교과서의 한계를 보완할 수 있다. '정보 교사도 아닌데 빅데이터까지 다뤄야 하나?'와 같은 걱정이 따라오지만 프로그래밍 언어를 모르는 찐문과 교사도 학생들이 빅데이터 기능을 활용하여 답을 찾아가도록 지도할 수 있다. 뉴스 빅데이터는 컴퓨터 기술보다는 빅데이터의 분석법과 응용 방법을 중심으로 다루면 되기 때문이다.

뉴스 빅데이터

- **빅데이터**: 학습자가 학습 내용과 관련된 문제의 현황을 파악하거나 미래를 예측하여 해결 방안을 제시하는 근거로 활용할 수 있는 대용량의 데이터를 말한다.[29]
- **뉴스 빅데이터**: 빅데이터의 한 분야로 뉴스 관련 데이터에 초점을 맞춘다.
- **뉴스 빅데이터 플랫폼**: 빅카인즈(www.bigkinds.co.kr)
- 회원 가입과 로그인의 절차 없이 간편하게 시각화된 데이터를 확인할 수 있다.
- '연관어 분석' 기능을 통해 방대한 검색 결과를 좁힐 수 있고, 불리언(boolean) 연산자와 같은 고급 검색 기술을 자연스럽게 익힐 수 있다.

문해력 수업

과학 시간에 뉴스 기반 빅데이터 분석 플랫폼인 '빅카인즈'를 활용하여 신소재 사례를 조사하는 수업을 했다. 빅데이터 플랫폼에서 제공한 뉴스 빅데이터 분석 자료 중 흥미를 느끼거나 더 탐색하고 싶은 '신소재' 연관어를 학생들에게 직접 선택하게 하고 스스로 학습 문제를 해결하도록 했다.

문제 파악하기

교사는 빅카인즈에 접속하여 해당 주제로 최신 사례를 검색하는 방법을 시연하고, 학생은 과제를 파악하며 문제를 정의한다.

"프로그래밍 언어를 몰라도 빅카인즈를 활용하면 빅데이터를 분석하여 공부할 수 있습니다." "빈도가 높은 연관어들을 크게, 빈도가 낮은 연관어를 작게 시각화하여 보여 줍니다."

- **학습 문제** 신소재 개발 최신 사례(1년 이내)를 찾아 구글 슬라이드로 공유하기

데이터 수집하기

빅카인즈에 접속하여 검색어를 입력한다. 검색할 때 '상세 검색'을 활용해 '기간'은 1년, '언론사'는 전체 선택으로 설정해서 검색한다. [검색 결과]가 나오면, 그 아래쪽에 [분석 결과 및 시각화]를 펼쳐서 검색한다. 최신 사례가 필요한 경우 기간을 1년으로 설정하고, 일정한 시기별 사례의 흐름을 살펴보고 싶다면 5년, 10년 단위로 기간을 설정한다.

- 그래핀

데이터 관찰하기

[분석 결과 및 시각화] 서비스 중 '연관어 분석'에서 단어를 관찰하며 추가 정보를 얻는다. 관심 있는 연관어를 클릭한 뒤, 하단에 제시된 검색어와 연관어가 동시에 검색된 관련 뉴스를 읽는다.

- '신소재' 클릭→ (검색식) 그래핀and신소재

데이터를 분석하여 문제 해결하기

관심 있는 뉴스 기사 1개를 클릭하여 읽는다. 기사가 문제 해결에 도움이 된다면 '구글 슬라이드'에 기사 제목과 기사 선택 이유, 기사의 핵심 단어를 쓰고 한 줄로 요약한다. 참고한 기사의 URL 링크를 남기고, 클릭했을 때 기사로 연결되는지 확인한다. 주소를 클릭했을 때 다른 사이트로 연결이 원활히 되지 않으면 집중력과 참을성이 많지 않은 사춘기 학생들은 해당 기사 읽기를 포기한다.

구글 슬라이드를 읽고 댓글 달기

다른 학생들이 작성한 전체 슬라이드를 훑어보며, 자세히 살펴보고 싶은 기사를 고른다. 기사 링크를 클릭하여 기사 전문을 읽고 2개 이상의 슬라이드에 댓글을 쓴다. 댓글을 쓸 때 학번과 이름을 밝히고, 나의 의견을 전달한다.

(댓글1) 버려진 마스크들이 어디로 가나 궁금했는데 알게 되어 기뻐.

(댓글2) 코로나 때문에 마스크 사용량이 증가하면서 마스크 폐기물도 많아졌을 텐데, 그 쓰레기를 친환경적인 방법으로 처리한다는 점이 흥미로워.

학생들이 작성한 뉴스 분석 슬라이드

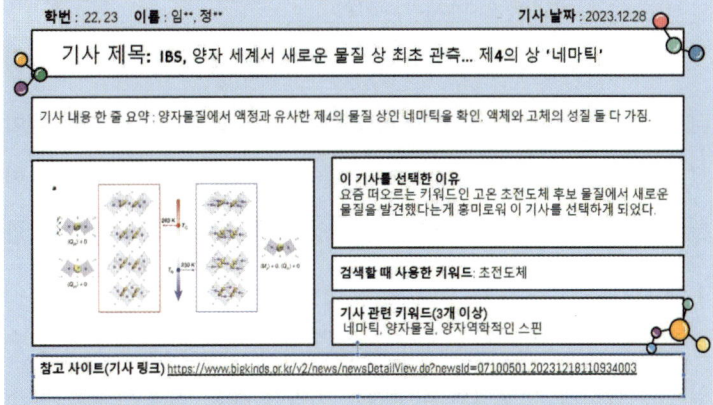

뉴스 빅데이터 읽기 수업을 진행할 때 유의할 점이 있다.

첫째, 1차시 동안 한 사람이 한 개의 슬라이드를 작성하면 한 차시 안에 과제를 끝내지 못할 수 있다. 1인 1슬라이드를 과제로 준다면 2차시의 수업 시간을 확보한다. 2인 1조 또래 활동으로 진행한다면 학습자 간 매체 활용의 격차를 좁힐 수 있어서 1차시로도 완성도 있게 결과물을 만들 수 있다.

둘째, 검색량과 검색 지역, 트렌드 정보를 제공하는 네이버 데이터랩 및 구글 트렌드와 같은 빅데이터 분석 플랫폼도 있지만, 깊이 있는 학습을 할 때는 '빅카인즈'를 활용한다. 단어 관계도와 연관어를 제공하기 때문에 교과 개념을 다양한 측면에서 심화 학습을 할 수 있다.

셋째, 뉴스 빅데이터 요약 양식은 교과 여건에 맞게 변형할 수 있다. 시각 자료가 중요한 경우에는 이미지 칸을 크게 만들고, 텍스트 조사가 필요한 교과는 기사 내용 요약란을 늘려 제시한다.

뉴스 빅데이터 분석 수업 슬라이드

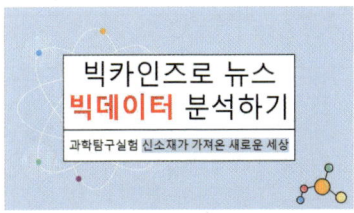
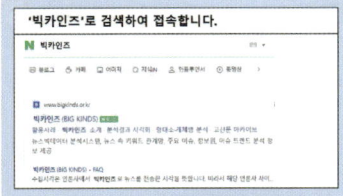

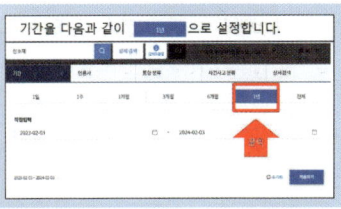
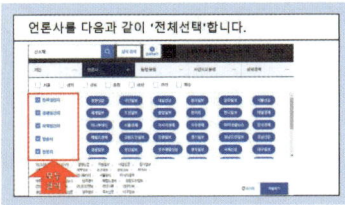

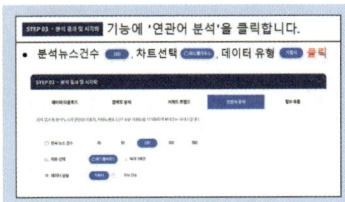
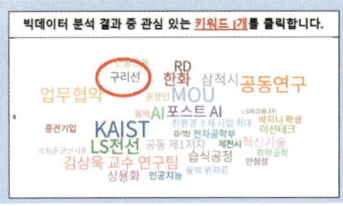
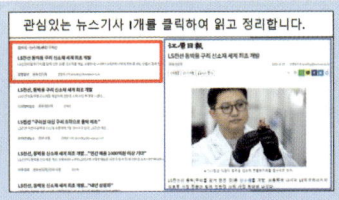
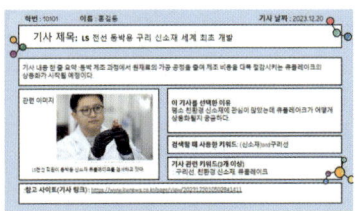

뉴스 빅데이터: 빅데이터로 문제 해결하기

기사 발행 일자 : 　　년　월　일		
기사 제목 :		
기사 내용 한 줄 요약 :		
관련 이미지	이 기사를 선택한 이유:	
^	검색할 때 사용한 키워드:	
^	기사 관련 키워드:	
참고한 사이트(기사 링크) :		

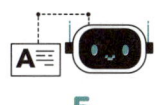

5

확실한 대안을 찾아 심화 탐구하기: 학술기사

소똥구리의 개체 수 감소 원인을 출처와 함께 알려 줘.

소똥구리의 개체 수 감소 원인과 관련된 정보는 과학저널, 환경보호 단체의 보고서, 생태학 연구 등 다양한 출처에서 나왔습니다. 주요 논문과 연구들은 보통 학술 데이터베이스에서 찾아볼 수 있습니다. 특정 자료를 원한다면 인터넷 검색을 통해 최신 정보를 확인해 보실 수 있습니다.

특정한 자료를 원하니 정확하게 출처의 글 제목과 저자 이름을 알려 줘.

원하는 자료의 제목과 저자 이름을 말씀해 주시면, 제가 도와드릴 수 있습니다.

앞의 내용은 생명과학 시간에 생물 종 다양성의 감소 원인에 대해 탐구하기 위해 생성형 AI '코파일럿^{Copilot}'과 나눈 대화이다. 인공지능은 어떤 문제의 현황, 실태에 대해 물으면 뉴스 기사나 블로그 같은 디지털 문서를 출처로 제시한다. 그리고 조금 더 복잡한 해결책과 함께 출처를 물으면 "정부사이트, 학술기사, 전문 단체의 보고서와 연구" 같은 검증할 수 없는 뭉뚱그린 출처를 답과 함께 알려준다.

인공지능처럼 출처가 불분명한 정보를 검증할 때, 해결하지 못한 질문이 있을 때, 확실한 정보가 필요할 때, 문제에 대한 대안을 만들 때, 부작용을 최소화하고 싶을 때 학술기사는 구원투수가 된다. 학술기사는 학생들에게 어려운 정보원이지만 최근 한 학술기사 사이트에 AI 채팅 기능이 생겨 읽기에 도전해 볼 여지가 생겼다. 학술기사 읽기가 막막할 때 'AI 요약'을 요청하여 요약문을 읽고 배경지식을 쌓으면 기사 전문을 읽을 용기가 생긴다. AI 요약문을 베껴 쓰고 창을 닫아버리면 배움이 일어나지 않기 때문에 'AI 요약문'과 'AI 핵심 질문'을 디딤돌 삼아 천천히 전문을 읽도록 강조한다. 학술 저널 사이트의 AI 채팅은 ChatGPT와 달리 환각을 줄였다는 설명을 덧붙인다. 학술DB의 AI는 검색 증강 생성 기술$^{Retrieval-Augmented Generation}$[30]을 적용하여 PDF로 업로드한 학술지의 데이터를 근거로 답하기 때문이다.[31]

학술기사

- **목적**: 기존의 사실이나 상황에 대한 일반적인 고찰을 통해 학문의 영역을 넓히고 깊이를 심화한다.
- **기사 길이**: 대중에게 공유하기 위해 공개하는 매거진의 경우 기사 길이가 짧은데 학술기사는 비교적 길다.
- **초록**: 200~300자 내외로 본문을 요약한 글을 초록(abstract)이라고 하는데, 학술 저널의 경우 반드시 초록을 제공한다.

 문해력 수업

기하 시간에 '디비피아 AI'를 활용하여 학술기사를 탐독하는 수업[32]을 했다. 학술기사에 대해 잘 알지 못하는 학생들에게 그냥 읽어 보자고 하면, 학생들은 공포심으로 얼굴이 어두워지기 때문에 학술기사의 매력을 설명하며 읽기를 제안했다. 학술기사의 특징을 빠르고 정확하게 이해할 수 있도록 매거진과 비교하여 설명했다.

"학술기사는 진입장벽이 높긴 하지만 인터넷에서 무료로 볼 수 있는 쪽글과는 차원이 달라요."

"깊이 있는 탐구를 수행할 때 필수적인데, 학술기사의 참고문헌을 따라가면 관련 연구 결과물들을 찾아 확장하며 읽을 수 있어요."

활동 이해하기

학술기사 검색 사이트인 디비피아(DBpia.co.kr)에 접속하고 학생 모두가 볼 수 있도록 화면을 띄운다. 교사는 '기하'를 예로 들며 학술기사를 검색하고, 검색한 학술기사를 'AI 검색'을 활용하여 읽어 보도록 한다. 질문을 만들어 넣고, 학술지 내의 데이터를 근거로 답을 제시하는 경우 해당 페이지로 이동하여 검증하는 과정을 보여 준다.

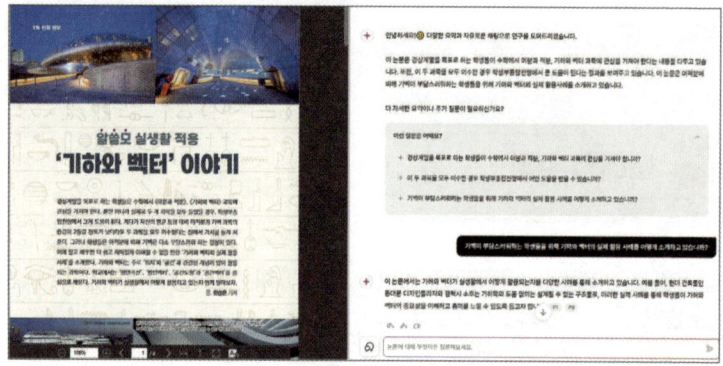

디비피아 AI 채팅 화면

1단계 주제 선정

학습 주제인 '기하'와 관련된 키워드를 고른다. 관심 키워드가 여러 개라면 중복하여 체크한다.

☑ 기하(학)	☐ 삼각(형)	☐ 사각(형)	☐ 행렬	☐ 입체
☐ 벡터	☐ 포물(선)	☐ 타원	☐ 쌍곡(선)	☐ 쌍곡 포물
☐ 이차곡선	☐ 공간 도형	☐ 경제	☐ 음악	☐ 패션
☑ 미술(디자인)		☐ 체육	☐ 건축	
☐ 기타(진로, 기하 관련 키워드 모두 가능):				

2단계 학술자료 탐색

학술지 사이트에 접속하여 키워드를 입력한다. 이때 '조사'는 빼고 '명사' 위주로 검색어를 넣는다. 학술기사의 목차와 초록을 먼저 훑어보고 읽을지 말지 결정을 내린다. 초록이 영어로 쓰여 있어서 읽을 수 없다면, 'AI 요약' 내용을 읽고 판단한다. AI 챗봇과 대화를 나눌 때 AI가 제시하는 핵심 질문을 활용할 수 있으나, 반드시 1개 이상의 본인 질문을 포함해야 한다.

디비피아의 AI 요약 메뉴

- **학술 자료 제목은?** 프랙탈 기하학의 조형성을 활용한 네일아트 작품 제작
- **학술 자료를 선택한 이유는?** 평소에 네일아트에 관심이 많았는데 기

하학이라는 의외의 분야와 무슨 관련이 있는지 알아보고 싶었기 때문이다.

- **AI 채팅을 활용하여 질문하고 답변 쓰기**
  (※ 본인이 만든 질문을 1가지 이상 포함!)

질문	답변
프랙탈 기하학을 적용한 네일아트 작품은 어떤 특징을 갖고 있나요?	프랙탈 기하학을 적용한 네일아트 작품은 자기유사성, 불규칙성, 반복, 스케일링 변환 등의 조형적 특징을 갖고 있다. 이를 활용하여 다양한 형태와 디자인을 표현하고 창의적이고 독창적인 작품을 만들 수 있다.
프랙탈 기하학의 다양한 유형을 표현한 다른 연구들은 어떤 것들이 있나요?	프랙탈 기하학의 다양한 유형을 표현한 다른 연구들로는 패션연구, 건축, 헤어아트 등이 있다. 이러한 연구들은 조형적 특성을 다양한 분야에 적용하여 교육적인 가치 전달과 시장 경쟁력 강화에 기여할 수 있다.
네일아트 산업에 어떻게 기여할 수 있나요?	프랙탈 기하학의 조형적 특성을 활용하여 독창적이고 창의적인 네일아트 작품을 개발할 수 있게 한다. 이는 네일아트 분야의 독창성과 창조성을 돋보이게 하며 시장 경제력을 강화할 수 있다. 그리고 예술과 과학이 융합된 분야로 네일아트를 확장시킨다.
출처 (APA출처 표기 양식)	이정아, 김재익. (2024). 프랙탈 기하학의 조형성을 활용한 네일아트 작품제작. 한국화장품미용학회지, 14(1), 149-158.

3단계 학술자료 내용 학습하기

학술 기사를 읽으며 교과 주제를 심화 학습하고, 학술 자료의 내용에서 이해할 수 없는 부분은 질문으로 정리한다. 풀리지 않은 질문에 대한 답은 학술자료, 책, 인터넷 백과사전 등 취향에 맞는 정보원을 활용하여 해결한다.

학술 자료에 나오는 '기하' 내용은?

키워드	① 프랙탈 기하학	② 조형 특성	③ fractal geometry nail art
내용 요약	전체의 형태와 최소 단위의 형태가 같은 모양으로 반복되는 구조인 프랙탈 기하학의 조형적 특성과 네일아트의 조형 특성에 대한 내용이 포함되어 있다. 프랙탈 기하학의 구성 요소와 조형 특징을 분석하고 이를 네일아트 작품에 적용하여 독창적인 디자인을 개발하는 방법을 제시하고 있다.		

학술 자료의 내용에서 이해가지 않는 부분은?

질문	답변	출처
왜 불규칙성이 프랙탈 기하학의 조형 원리일까?	프랙탈 기하학이 자기 유사성을 갖고 있기 때문이다. 자기 유사성은 도형이 작은 부분에서 큰 부분으로 반복되는 패턴을 갖는 것을 의미하고 이러한 자기 유사성을 가진 도형은 불규칙한 형태를 가지면서도 일정한 구조를 유지할 수 있기 때문이다.	손지민. (2018). 프랙탈 기하학의 조형성을 응용한 주얼리 디자인 연구. 석사학위논문, 중앙대학교 대학원, RISS

| 조형적 특성을 다양한 분야에 적용하는 이유는 무엇인가? | 프랙탈 이론을 내재한 예술 작품은 디자인에 있어 무한한 창작의 가능성을 보여주며 이는 자연, 과학, 예술을 이해하는 고정관념으로부터 벗어나 다양하고 역동적인 미를 창출한다. 예술적인 표현과 창의적 디자인은 교육적 가치를 전달하고 조형적 특성을 활용한 디자인은 시장에서 차별화된 제품과 서비스를 제공해 경쟁력을 강화할 수 있다. | 이기명. (2015). 프랙탈 기하학의 조형성을 응용한 헤어아트 연구. 석사학위논문. 서경대학교 미용예술대학원, RISS |

4단계 과정을 성찰하기

학술자료, 포털검색, RAG 기술을 적용한 학술DB의 AI 채팅 중 어떤 정보원이 유용했는지, 인공지능과 협력하여 기하를 학습하는 과정이 즐겁고 도움이 되었는지, 인공지능과 협력한 결과물의 내용을 신뢰할 수 있는지, 저작권 침해 사항은 없는지 되돌아보며 느낀 점을 쓴다.

학술자료와 학술DB의 AI 채팅이 확실한 정보를 얻는 데 유용했다. 학술자료는 구체적 설명과 그림, 그래프가 첨부되어 있으며 학술DB AI 채팅은 간결하게 내용을 요약해 줘서 글을 더 잘 이해하며 기하 내용을 공부할 수 있었다. 정확한 질문을 하는 능력을 길러야겠다고 생각했다. 직접 검색하지 않아도 정확한 질문을 던지면 요구에 맞는 지식을 알려줘서 유용했다. 학술DB의 AI 채팅은 지정한 논문 내의 내용으로만 답변해 줘서 결과물을 신뢰할 수 있었다. ChatGPT의 경우 더 찾아볼 논문을 추천해 줘서 학습을 이어나가는 데 도움이 되었다.

낯선 정보원에 겁을 먹고, 부담스러워하던 학생들은 관련 학술기사를 쌓아 놓고 읽으며 갈피를 잡아가기 시작했다. 학술기사의 제목, 초록, 목차부터 먼저 읽고, 본문을 꼼꼼히 읽으며 질문의 답을 찾아 나갔다. 만약 읽기 역량이 낮아 한 편의 학술기사를 읽고 나서도 내용을 이해하지 못한다면 ChatGPT에 학술 자료 파일을 첨부하고 요약을 요청하도록 한다.[33] ChatGPT의 요약 내용과 학생이 학술자료에 대해 이해한 내용을 비교하면 조금 더 정확한 읽기가 가능하다. 학생 스스로 ChatGPT를 활용하여 자신의 이해 여부를 점검하고 교사가 마지막으로 내용을 점검한다면, AI를 학습 수준에 따라서 자료 이해를 돕는 수단으로 활용할 수 있다.

'학술 기사 읽기가 선행 학습을 하게 만드는 것 아닌가?', '굳이 고등학생이 학술기사까지 읽어야 할까?' 의문이 든다면 학생들이 교과 학습 주제와 연결하여 읽은 잡지나 책에서 인용한 학술기사를 찾아 읽도록 지도한다. 예를 들어 〈과학동아〉에 실린 '서울에 말라리아 경보가 발령된 까닭은?' 기사를 읽는다면 해당 글을 작성하며 인용한 학술지를 Google 학술 검색(scholar.google.com)에서 검색하여 찾아 읽도록 지도할 수 있다.

| 꿀팁 | 학술DB의 AI가 유료이고 어려워서 활용할 수 없다면?

어린 학습자이거나 학술DB의 구독 예산이 없다면 유료 학술기사 AI를 활용하기 어렵다. 이 경우 학술DB 대신 실제 기사 속 정보를 근거로 답을 찾는 방식인 '빅카인즈 AI'를 대체재로 사용하는 것을 추천한다. '빅카인즈 AI'는 RAG 기술을 사용하기 때문에 환각이 거의 발생하지 않으며, ChatGPT와 대화하듯이 답을 찾아갈 수 있다. ChatGPT의 응답을 복사하여 붙여 넣는 것보다 주도적으로 정보를 활용할 수 있어 더 많은 배움이 일어난다.

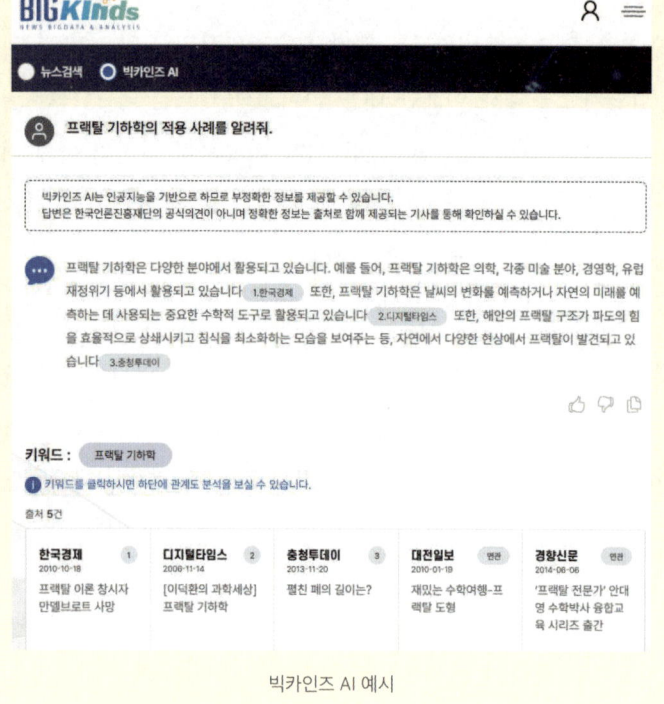

빅카인즈 AI 예시

학술기사: 확실한 대안을 찾아 심화 탐구하기

[1차시]

1. 주제 선정: 기하와 관련된 키워드로 논문 정하고 키워드 체크하기(중복 허용)

☐ 기하(학)	☐ 삼각(형)	☐ 사각(형)	☐ 행렬	☐ 입체
☐ 벡터	☐ 포물(선)	☐ 타원	☐ 쌍곡(선)	☐ 쌍곡 포물
☐ 이차곡선	☐ 공간 도형	☐ 경제	☐ 음악	☐ 패션
☐ 미술(디자인)		☐ 체육	☐ 건축	
☐ 기타 (진로, 기하 관련 키워드 모두 가능):				

2. DBpia를 활용한 학술자료 탐색

가. 학술자료 제목은?

나. 위 학술자료를 선택한 이유는?

다. DBpia의 AI 채팅을 활용하여 질문하기
(※ 본인이 만든 질문을 반드시 1가지 이상 포함!)

질문	답변

라. 학술기사 출처 작성하기

APA 출처 표기 양식	저자명. (게재연도). 학술기사명. 학술지명, 권(호), 게재면수.
나의 출처 작성	

[2차시]

3. 학술자료 내용 학습하기

가. 학술자료에 나오는 기하 내용은?

키워드	①	②	③
내용 요약			

나. 학술자료의 내용에서 이해 가지 않는 부분을 검색하여 학습하기

질문	답변	출처

4. 과정을 성찰하며 아래 문항에 답하는 마음으로 느낀 점을 쓰시오.

☐ 학술자료, 포털 검색, AI 채팅 중 어떤 정보원이 더 유용했나요? 왜 그렇게 생각하나요?

☐ 인공지능과 협력하여 기하에 대해 학습하는 과정은 즐거웠나요? 기하 학습에 도움이 되었나요?

☐ 인공지능과 협력한 결과물의 내용은 믿을 만한가요? 저작권 침해 사항은 없었나요?

_____
_____
_____
_____

4장

이미지로 소통하는 문해력

학생들은 학교 밖 세상에서 표지판, 광고, 만화, 인포그래픽, 노선도 등 다양한 삶의 텍스트를 접하고, SNS에 사진으로 일상을 기록하며, 이모지로 소통한다. 몇십 년 전만 해도 우리는 문자 중심의 인쇄본으로 공부하고 소통했으나, 지금은 암각화 시절로 돌아간 것처럼 밈, 이모지, 짤방 같은 새로운 이미지로 소통의 공간을 채워 나간다. 더 나아가 인공지능으로 이미지 검색과 생성을 위한 대화를 나누기도 한다. 그런 의미에서 현재 의사소통에서 매우 중요한 것 중 하나가 이미지의 의미를 읽고 쓰는 시각 문해력$^{\text{visual literacy}}$이다. 시각 문해력을 갖추면 실제 세상의 텍스트를 잘 읽어 낼 수 있다.

그렇다면 어떻게 시각 문해력을 끌어올릴 수 있을까? 교실에서 교과서와 문제집으로 글을 읽고 의미를 파악하는 데 에너지와 시간을 쓰면 시각 문해력이 높아질까? 초등학교 저학년 때 이루어지는 그림책 읽기 수업, 미술 시간의 이미지 읽기로는 부족하다. 여러 교과의 맥락 안에서 다양한 이미지를 읽고, 표현하며 소통하는 경험을 쌓아야 시각 문해력을 높일 수 있다. 텍스트의 구조에 따라 글을 읽고 의미를 파악하는 방법을 배우듯 이미지도 비판적으로 읽고, 표현하는 방법을 알아야 한다.

"그림책은 유치해요."라고 하거나 "중학생, 고등학생에게도 그림책이 가치가 있을까요?"라고 묻는 학생들의 시각 문해력을 높이기 위해 어떠한 재료로 수업을 할까 고민했다. 그러다 개념도 그리기, 그림으로 연결하기, 인포그래픽 만들기, 포스터 그리기, 이모지로 번역하기 수업을 했다. 자기 생각을 깊고 다면적으로 표현하는 일이 인공지능의 파도 속에서 우리가 하나하나 익혀야 하는 일이기 때문이다.

1

사라지는 정보를 붙잡아 정교화하기: 개념도 그리기

"과제를 수행할 때 주제의 초점을 형성하기 힘들어요."
"텍스트가 사라지기 전에 아이디어로 체계화하고 싶어요."
"인공지능과 인터넷처럼 자극도가 높은 매체를 읽을 때 날아가는 데이터를 꽉 붙잡아 두고 싶어요."

이런 어려움은 '개념도'를 활용하면 해결할 수 있다. 천천히 긴 호흡으로 읽으며 손으로 적고 시각화하는 과정에서 아이디어를 붙잡아 체계화할 수 있다.

개념도 concept map

- 개념
  특정 문제를 중심으로 아이디어를 연상하여 위계적으로 배열하는 활동이다.

- **목적**
- 읽기 전에 그리면 주제에 대해 이미 알고 있는 내용을 드러낼 수 있다.
- 사고를 체계화하고 아이디어가 서로 어떻게 연결되는지 알아낼 수 있다.[34]
- 읽고 난 후 끝부분에서는 배운 것을 복습하며 아이디어를 어떻게 이해하고 있는지 평가의 단서로 사용할 수 있다.

문해력 수업

영어권 문화 시간에 '영어권 문화 잡지 기사 작성'을 과제로 주고, 1차시 수업에서 개념도를 그리도록 했다. 알고 있는 지식을 꺼내 개념도를 그리면 주제의 초점을 잡기 쉽고, 잡지의 목차를 짜임새 있게 구성할 수 있기 때문이다. 영어권 국가별 문화에 대한 '개념도 그리기' 활동 순서는 다음과 같다.

준비하기

교사는 학생들에게 개념도를 알고 있는지 묻고, 개념도의 개념과 특성에 대해 설명한다. 이미 학습자들이 개념도에 익숙하다면 체계적인 방식으로 개념도를 만들게 될 거라고 알려 주면서 '아이디어 생성-분류-연결'의 루틴을 소개한다. 이때 예시 개념도를 보여 주면, 능숙하게 그리지 못하는 학생들도 감을 잡고 따라한다.

개념도 그릴 주제 정하기

각 모둠은 호주, 캐나다, 미국 동부, 미국 서부, 아일랜드, 뉴질랜드, 영국 등 영어권 문화 중 원하는 주제를 고른다. 교사가 배부한 활동지 또는 백지의 가운데에 중심 동그라미를 그리고 그 안에 주제를 쓴다.

우리 모둠이 선택한 주제 호주

아이디어 생성하기

주제와 관련하여 5분간 브레인스토밍을 하며 아이디어를 나열한다. 처음에는 가장 포괄적이고 일반적인 아이디어로 시작하고, 점차 특정 개념으로 이루어지는 위계로 배열한다.

아이디어 마고 로비, 휴잭 맨, 멜번대학교, 테니스, 캥거루, 시드니, 세인트폴 대성당, 쿼카, 캔버라대학교, 시드니대학교, 러셀 크로우, 오페라 하우스

아이디어 분류하기

아이디어를 분류하여 핵심 개념별로 묶는다. 이때 아이디어를 중요한 것과 중요하지 않은 것으로 분류한다. 중요한 아이디어를 가운데에 배치하고 중요하지 않은 아이디어를 바깥쪽에 배치한다. 우선순위를 정할 때 모둠원들끼리 풍부한 토론을 하면 아이디어 분류를 효율적으로 할 수 있다.

핵심 개념 호주의 교육, 자연, 인물, 건축

아이디어 연결하기

중심 아이디어와 주변 아이디어 사이의 관계를 '~의 형태, ~의 부분, ~을 초래한다, ~의 성격, ~을 위한 증거' 등으로 기술하며 아이디어를 연결한다.[35] 단어 사이의 관계를 동사나 부사를 활용하여 연결하기 어렵다면 기호로 표현한다.

호주의 대표 인물로 (마고로비, 휴 잭맨, 러셀 크로우, 크리스 헴스워스)가 있다.
호주를 대표하는 동물로 (오리너구리, 캥거루, 쿼카)가 있다.
호주를 대표하는 건축물은 시드니 지역의 (오페라 하우스, 시드니 하버 브리지, 시드니 천문대)가 있다.

개념도 공유하기

개념도를 공유하기 전에 오개념이 있는지 한 번 더 확인한다. 개념도를 완성하면 전체 학생 앞에서 발표하거나 칠판에 게시한다. 각 모둠에서 발표가 끝나면 학급별로 만든 개념도를 다른 학급과 비교하여 본다. 같은 주제에 대해 서로 다르게 표현한 개념도를 보며 가장 정교하게 구성된 모둠의 개념도를 뽑는다.

개념도는 프로젝트를 진행하는 과정 중에 자기 점검 도구로 활용 가능하다. 보고서 작성, 토론, 주제 발표와 같은 후속 활동을 할 때 개념도를 길잡이 자료로 사용하면 수행 과정에서 길을 잃어버리지 않고 결과물을 만들 수 있다. 개념도를 작성하는 첫 시간은 아이디어가 많지 않아서 개념도를 풍성하게 그리기 어려울 수 있다. 어려움을 겪는 학생이 있다면 언제든지 내용을 추가할 수 있다는 사실을 알려 주고, 다음 단계로 넘어가기 전에 5~6개 항목만 떠올려도 된다고 격려한다. 개념도를 그릴 종이는 크면 클수록 유용한데, 혼자 그리는 경우 A4, 모둠별로 그리면 B4 사이즈 이상의 종이를 사용한다. 종이가 크면 아이디어를 더 많이 떠올리고, 아이디어를 배치할 때 더욱 신경 쓰게 된다.

학생이 그린 개념도

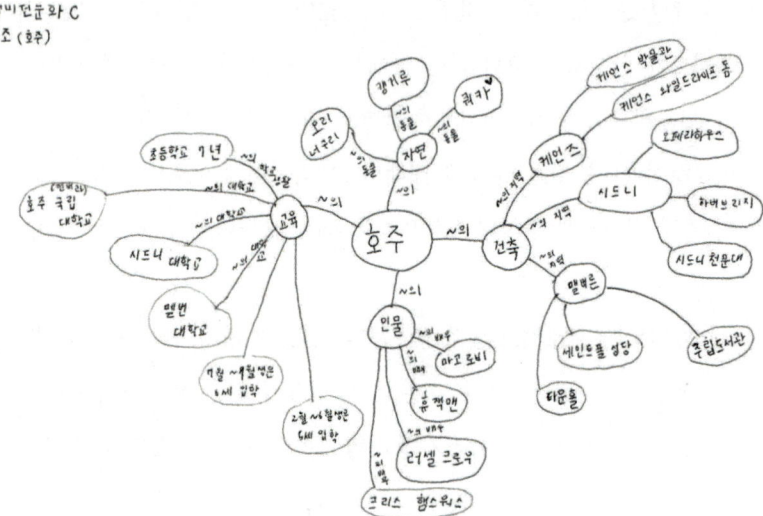

> **'개념도 그리기'를 지도할 때 참고하기 좋은 자료**
> 『생각이 보이는 교실』 론 리치하트 외 지음, 사회평론아카데미

개념도 활동지

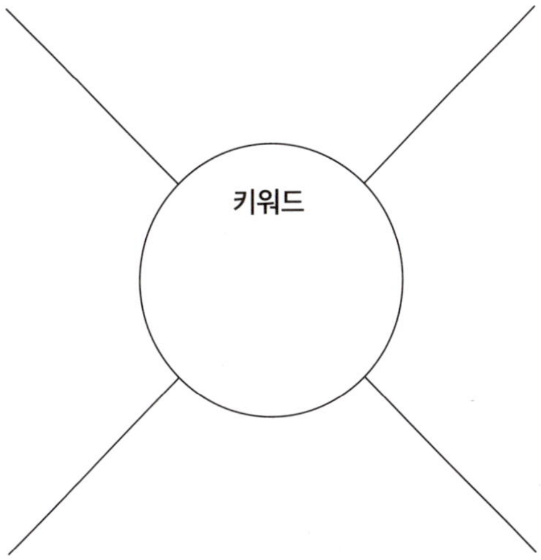

키워드

※ 활동지는 백지로 제공해도 되며, 한가운데에서 시작합니다.

2

비언어적으로 표현하기: 그림으로 연결하기

 수업을 하다 보면 아무것도 하지 않고 한숨만 쉬는 학생들이 있다. 이들은 쓰기와 말하기를 골고루 섞어 진행해도 "안 할래요."라고 말하며 책상 위로 흘러내린다. 선호하는 표현 양식과 거리가 멀어서 포기하려는 학생들이 보이면 '그리기' 활동을 제안해 본다. 자신의 생각을 반드시 한 가지 양식으로 드러낼 이유는 없기 때문이다. 말하기와 글쓰기의 세계에서 자기 생각을 꺼내기 두려워하는 학생들이 그리기의 세계에서는 수줍게 자신을 드러내며 그림으로 소통을 시작할 수 있다.

 언어적으로 이해한 것을 그림으로 표현하는 기회를 주면 "이미지 생성 AI로 시간을 아낄 수 있는데, 인공지능을 활용해도 되나요?" 같은 질문이 따라올 수 있다. 이러한 질문에는 "단순한 정보 전달을 목적으로 하는 그림이라면 이미지 생성 인공지능이 유용할 수 있지만, 의미가 복잡하며 주관성이 높은 내용을 요청하면 결과물이 만족스럽지 않을 수 있어."라고 답한다. 주관적이며 의미가 복잡한 내용은 사용자가 프롬프트로 언어화하기 어렵고, 인공지능도 제대로 이해하지 못하기 때문에 우리가 원하는 결과물과 다소 거리가 있는 그림을 생성할 가능성이 높다.

그림으로 연결하기

글을 그림으로 표현하는 활동이다. 책의 전체적인 내용을 그릴 수도 있지만 책에 등장하는 특정 사건이나 이슈를 표현할 수도 있다. 언어적으로 이해한 것을 그림으로 재구성하는 활동의 효과는 다음과 같다.[36]

- 읽은 내용을 깊이 생각하며 글을 이해했는지 인식하도록 촉진한다.
- 읽은 것과 자신의 삶을 연결하며 이해한 것을 정교화하고 나름의 해석을 한다.

 **문해력 수업**

국어 시간에 베트남사와 문화를 다루는 도서를 읽고 분석하여 이를 알기 쉽게 그려 보는 활동을 했다. 그림으로 표현하는 활동이기 때문에 읽기 자료는 도감, 그림책, 삽화와 그림이 풍성하게 담긴 비문학으로 준비했다.

책의 전문 읽기

책을 읽는 중, 읽은 후 인상 깊은 단어와 구절을 낙서하듯 자유롭게 메모한다.

도서명: 베트남 설날 장대 이야기(2011)	저자명: 쩐 꾸옥	출판사: 정인출판사

베트남 음력 설날, 새해맞이, 장대 세우기
초승달 모양의 방울, 불교 문화
라임 뿌리기, 파인애플 잎사귀

설명하고 싶은 내용을 그림으로 표현하기

지도, 삽화, 사진과 같은 비언어적 텍스트가 정교한 정보를 제공한다는 사실을 기억하고, 책 속 시각 자료도 꼼꼼히 읽는다. 책에서 설명하고 싶은 개념, 사건, 인물을 연결하여 그림(도형, 선)으로 표현한다.

자기 그림 설명하기

그림을 완성하면 자신의 그림을 친구에게 설명 없이 보여 주고 무엇을 그린 것인지 해석하도록 한다. 그림에 대한 친구들의 해석을 듣고 자기가 그린 그림이 어떠한 의미를 담고 있는지 설명한다. 서로 그림을 보여 주고 설명하는 과정에서 책의 내용을 되새기게 되며 다양한 시각으로 내용을 감상할 수 있다.

장대(tà ma)

『베트남 설날 장대 이야기』 펀 꾸옥, 정인출판사

"광화문의 해태처럼 액운을 막아주고 복을 불러오는 존재처럼 보여."

"비슷해. 베트남 사람들이 부처님의 지혜로 악마를 동쪽 바다로 쫓아낼 때 유용하게 사용한 장대야. 베트남에서 매년 설날에 장대를 높이 세우는 풍습은 이 이야기에서 나왔어."

개장(đám ma)

『두 얼굴의 베트남』 심상준 외, 김영사

"장례식을 끝내고, 관을 땅속에 넣으려는 것처럼 보여."

"우리나라에서는 보기 힘든 베트남의 장례 문화 중 '개장'이 있어. 개장은 사람이 죽은 뒤 3~7년 후 무덤 속 관에서 시신을 꺼내 뼈만 깨끗하게 닦아 석관 또는 항아리에 모신 뒤 비석을 세우는 것이야. 향을 피울 수 있게 제단을 만들어 놓고, 향로가 비에 영향을 받지 않도록 지붕을 만들어. 상주는 흰색을 입고 문상객들은 검정색 옷을 입는데, 행렬을 할 때 풍악을 울리고 조명을 켜."

    그림으로 표현하기는 각기 다른 책을 읽은 학생들은 물론, 같은 책을 읽은 여러 명의 학생을 대상으로 한 수업에서도 할 수 있다. 소집단 안에서 이야기하며 그림을 그리면 서로의 생각을 발전시켜 나갈 수 있고, 의미 있는 해석을 할 수 있다.

    학생들이 각자 그린 그림을 굿즈(커스텀 그립톡, 스티커 등)로 제작하도록 하는 것도 추천한다. 이렇게 하면 학생들이 처음부터 쓸모를 궁리하기 때문에 능동적으로 읽고 그리게 된다. 굿즈는 비즈하우스(bizhows.com) 같은 사이트에서 학교 여건과 예산에 맞추어 주문 제작할 수 있다.

베트남 문화 도서를 읽고 만든 스티커
(제작: 조가영 신목고 국어교사)

<내셔널지오그래픽> 잡지에서 기후 기사를 읽고 만든 세계지리 기후 그립톡

'그림으로 연결하기'를 지도할 때 참고하기 좋은 자료

『학습부진 및 난독증 학생을 위한 읽기 이해 교수방법』

Ruth Henlen Yopp 지음, 학지사

그림으로 연결하기

1. 책을 읽으며 인상 깊은 내용(단어, 구절)을 낙서하듯 자유롭게 쓰시오.

2. 설명하고 싶은 내용(개념 또는 사건 또는 인물)을 그림으로 표현하시오.

도서명		저자명		출판사	
그림 제목					
그림					

3. 위의 그림을 설명하는 글을 쓰시오.

※ 이야기 글이라면 뒷이야기 또는 바꾸고 싶은 장면 또는 인상 깊은 장면을 그림으로 그리시오.

3
많은 정보를 한 장으로 전달하기 : 인포그래픽 만들기

　읽고 쓴 내용을 나눌 때 배움이 확실히 일어난다는 믿음으로 표현과 공유 활동을 수업에 포함한다. 그리고 궁리를 시작한다. 읽고 소화한 내용을 재구성하여 간단히 표현할 수 있는 방법은 없을까? 한눈에 핵심 내용을 파악하게 만들려면 어떤 그릇이 좋을까? 인공지능처럼 방대한 데이터를 이해하기 쉽게 설명하려면 어떠한 표현 도구를 써야 할까? 궁리 끝에 복잡한 정보를 시각적으로 표현하는 '인포그래픽'을 수업에 활용했다.

　소셜 미디어의 광고, 뉴스, 안내판, 교과서 속의 인포그래픽은 복합 양식 텍스트 multimodal text 로서 학생들에게 익숙한 콘텐츠이다. 인포그래픽이 친숙하다고 해서 인포그래픽 해석과 제작을 정교하게 할 수 있는 것은 아니기 때문에 인포그래픽의 개념, 유형, 정보 수집, 밑그림 그리고 표현하기의 방법을 단계적으로 알려 주었다. 주제 선정부터 표현까지 체계적으로 지도하면 학생들은 복합 양식 텍스트를 읽는 능력을 자연스럽게 기르고, 인포그래픽을 통해 자신의 메시지를 효과적으로 전달할 수 있다.

> **인포그래픽** infographic
>
> - **개념**
>
>   인포그래픽은 인포메이션 그래픽 information graphics의 줄임말로 정보, 데이터, 지식을 그래픽을 기반으로 시각적으로 표현한 것을 말한다.[37)]
>
> | 비주얼 visual | 정보 information | 지식 knowledge |
> |---|---|---|
> | 다양한 색의 도형 및 그래프 | 도형 및 그래프를 통해 전달하고자 하는 정보 | 최종적으로 독자가 전달받는 지식 |
>
>   (비주얼 + 정보 ⇒ 지식)
>
> - **유형**
> - **지도형**: 위치, 지리 기반 인포그래픽으로 정보를 지도 위에 나타낸다.
>
>   예: 미세플라스틱으로 오염된 국가 TOP 5를 지도 위에 표기
> - **통계형**: 숫자로 된 데이터를 기반으로 꼭 필요한 정보만 표, 그래프로 표현한다.
>
>   예: 미세플라스틱의 평균 농도

- **프로세스형**: 한 장 안에서 일의 과정, 무엇인가를 만드는 과정을 나타낸다.

  예: 미세플라스틱이 우리 몸으로 들어오는 과정
- **스토리텔링형**: 눈에 띄는 수치나 도표 없이 특정 인물이 등장하여 사건에 대한 이야기를 들려준다.

  예: 미세플라스틱 오염
- **비교형**: 강력한 설득과 이해를 끌어내기 위해 서로 상반되는 데이터를 대조 및 비교하여 그 상태를 더 선명하게 드러낸다.

  예: 미세플라스틱 문제를 개인과 사회로 나눠 해결하기
- **타임라인형**: 시간성을 가진 정보를 표현한다.

  예: 미세플라스틱 역사

 문해력 수업

독서 시간에 교과서를 전체적으로 훑어보고, 관심 있는 주제를 선정하여 인포그래픽으로 표현하는 활동을 했다. 방대한 분량의 정보를 한 장의 인포그래픽으로 재구성하는 과정을 통해 시각 자료를 읽고 표현하는 힘을 키울 수 있다.

인포그래픽 이해하기

교사는 인포그래픽의 개념과 특징, 유형을 설명하며 과제를 제시한다. 학생들이 공부하고 싶은 마음을 가질 수 있도록 인포그래픽의 유형별로 예시 자료를 제시하며, 인포그래픽의 매력을 설명한다.

"인포그래픽은 한눈에 많은 정보를 받아들일 수 있어서 시간을 아낄 수 있어요."

"인포그래픽은 그림과 색상을 사용하기 때문에 시선을 끌어 흥미를 유발합니다."

"많은 내용 중에서 전달하고자 하는 핵심 요소를 더 눈에 띄게 시각화하여 강조할 수 있어요."

인포그래픽 주제 선정하기

교과서 전체를 빠르게 훑어보며, 인포그래픽으로 표현하고 싶은 제재를 고른다. 지문을 읽고 요약하며 '더 알고 싶은 점'을 질문의 형태로 기술한다.

글 순서	교과서(쪽)	다음 중 관심 있는 제재를 고르시오.	
		제재	택1(O표시)
1	14	어떤 책을 읽을 것인가(정수복)	
2	16	걸어서 곶 끝까지(리베카 솔닛)	
중략			
13	108	순자의 성악설(김교빈, 이현구)	
14	113	서원 건축의 공간적 이해(이상해)	

더 알고 싶은 점(2가지 이상)
① 성악설을 뇌과학으로 입증할 수 있을까?
② 성악설을 과학적으로 입증하는 근거는 무엇인가?

인포그래픽 작성을 위해 정보 수집하기

'더 알고 싶은 점'을 중심으로 주제에 대한 탐구를 시작한다. 인터넷, 책, 뉴스기사, 학술기사 중 2종 이상의 정보원을 활용하여 정보를 수집한 후 인포그래픽으로 표현하고 싶은 핵심 제재, 핵심 문장, 핵심 단어를 작성한다.

정보 수집하기

주제명	성악설의 과학적 근거	교과서 관련 페이지	108-110
1	도서	2	신문 기사
책제목: 샤덴프로이데		**기사제목**: 샤덴프로이데	
		신문이름: 기호일보	
저자이름: 나카노 노부코		**기자이름**: 백창현	
출판사: 삼호미디어		**작성일**: 2022.12.05	
내용: 샤덴프로이데의 어원(독일어로 고통과 기쁨을 의미함) 사회적 모순에 해당하는 예시 → 옥시토신, 도파민 작용, 살리에리 증후군		**내용**: 기자가 겪은 샤덴프로이데 심리의 예시. 샤덴프로이데와 뇌과학에서 보는 복측 선조체의 활성에 대해 다룸. 샤덴프로이데가 성악설의 근거를 뇌과학의 방법으로 증명함. 반대가 되는 단어는 불교 용어로 무디타가 있음.	

3	인터넷	4	학술저널
자료제목: 살리에리 증후군		**학술기사제목**: 사촌이 땅을 사면 배가 아픈 심리, 샤덴프로이데	
검색일자: 2024.3.13		**학술지이름**: 국방과 기술 **저자이름**: 남보람	
사이트주소: terms.naver.com/		**참고쪽수**: 176-177	
내용: 살리에리 증후군과 관련된 심리, 샤덴 프로이데. 일본의 아카하시 히데히코가 실험을 통해 샤덴프로이데를 증명함.		**내용**: 샤덴프로이데의 단점과 샤덴프로이데에 대한 정의	

핵심요소 정하기

핵심제재	성악설을 과학적으로 입증할 수 있는가?
핵심문장	성악설은 샤덴프로이데를 과학적 근거로 입증할 수 있다.
핵심어	성악설, 샤덴프로이데, 무디타, 살리에리 증후군

인포그래픽 밑그림 그리기

탐구한 내용을 바탕으로 주제에 적합한 인포그래픽 유형을 고른다. 문자와 숫자, 도형과 그래프를 사용하여 밑그림을 그린다.

인포그래픽 제목	성악설과 샤덴프로이데
유형	☐ 지도형 ☐ 통계형 ☐ 프로세스형 ☐ 스토리텔링형 ☐ 비교형 ☐ 타임라인형

인포그래픽 화면 구성 (스케치 형식으로)	(스케치 이미지)
인포그래픽 설명	성악설을 과학적으로 입증할 수 있는 근거인 '샤덴프로이데'에 대해 알아보고 관련 예시들을 중심으로 소개한다.
참고 자료	책 『샤덴프로이데』 나카노 노부코 네이버 지식백과 – '살리에리 증후군'

인포그래픽으로 표현하기

인포그래픽 디자인의 3요소인 색상, 도형 또는 그래프, 정보를 포함하여 인포그래픽을 작성한다. 전달하고 싶은 메시지는 중요한 단어에 색을 칠하거나, 표나 도형을 그려 시각화한다. '줄글로 나열

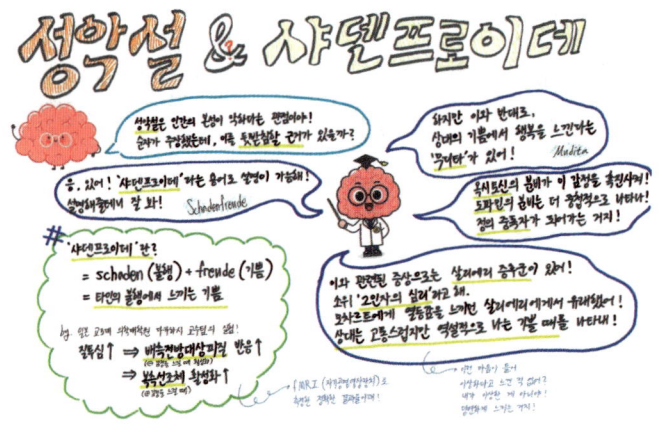

<성악설과 샤덴프로이데> 스토리텔링형 인포그래픽

4장 이미지로 소통하는 문해력

한 부분은 없는가?', '흑백으로 표현하지 않았는가?' 스스로 질문하고 점검하며 한 장의 종이에 메시지를 담는다.

인포그래픽 공유하기

완성한 인포그래픽을 교실에 게시하고, 갤러리워크 활동을 실시한다. 순차적으로 학급 전체의 인포그래픽을 감상하며 두 가지 활동을 한다. 우선 우리 반 최고의 인포그래픽이라고 생각하는 작품에 스티커를 1개씩 붙인다. 다음으로 인상 깊은 인포그래픽을 골라 사진을 찍는다.

자리에 앉아 사진에 담았던 친구의 인포그래픽을 자세히 읽어보며, 어떠한 인포그래픽 유형에 해당하는지 생각해 보고 분류한다. '관찰' 칸에 친구의 인포그래픽 내용을 요약하며 쓴다. 비언어적 텍스트인 인포그래픽을 언어적 텍스트로 변환하는 과정을 거치면 그래픽 텍스트를 더 잘 이해할 수 있게 된다.

수업 시간에 여유가 있는 경우 스티커를 많이 받은 학생 2~3명을 뽑아 간략하게 작품에 대해 발표하도록 한다. 이 경우 뒷자리 학생은 8절지 크기의 작품이 보이지 않기 때문에 교사가 사진을 찍어 화면으로 띄우고 발표하도록 한다. 학생들이 작성한 갤러리 워크 활동지의 내용도 1~2명 정도를 지목하여 개별 발표하도록 하며 나눌 수 있다.

갤러리 워크 활동

작품	[비교형으로 제작한 '정치논리 & 경제논리' 인포그래픽]
유형	☐ 지도형 ☐ 통계형 ☐ 프로세스형 ☐ 스토리텔링형 ☑ 비교형 ☐ 타임라인형
관찰	**무엇을 보았는가?** 정치논리와 경제논리의 비교. 정치논리는 공평성, 경제논리는 효율성을 고려한다. 또한 정치논리는 '힘의 논리', 경제논리는 '교환의 논리'로 이어진다.
연결	**무엇이 나와 연결되는가?** 상반되는 인포그래픽 데이터의 차이가 명확히 드러나도록 시각화했다. 정치논리와 경제논리를 비교하는 인포그래픽을 감상하며, 평소 내가 어떤 논리를 쓰는 사람인지 돌아볼 수 있었다.
놀람	**무엇을 새로 알았는가?** 정치논리와 경제논리의 존재 자체를 처음 알았다. 정치논리가 무엇인지 어렴풋이 알고 있었는데, 경제논리는 내게 낯선 개념이다.
질문	**무엇을 더 알고 싶은가?** 이 논리 외에 대비되는 다른 논리의 종류가 궁금하다.

매직과 종이를 활용한 아날로그 인포그래픽 제작 수업도 의미가 있지만, 1인 1기기 사용이 가능한 환경이라면 캔바^{canva}와 같은 플랫폼을 활용한 인포그래픽 만들기도 가능하다.

인포그래픽 수업을 할 때 유의할 점은 다음과 같다.

첫째, 최종 결과물에 오류가 있는지 확인하고 공유하기 활동을 해야 한다. 최종 결과물 내용에 오류가 있는 경우 가짜 정보가 사실처럼 전달될 수 있기 때문에 교사가 정정할 내용을 알려 주고, 학생은 이를 고쳐서 공유한다.

둘째, 수업의 목표를 최고의 인포그래픽을 만드는 데 두지 않는다. 인포그래픽의 개념과 특징을 이해하고, 수집한 자료를 종합하며 인포그래픽으로 표현해 보는 '과정'을 경험하는 것을 강조한다. 인포그래픽 계획서, 밑그림 등 단계별 학습 과정의 기록을 평가에 반영하고 사전에 이를 안내한다.

'인포그래픽 만들기'를 지도할 때 참고하기 좋은 자료
『미디어 리터러시 수업』 김광희 외 지음, 휴머니스트

인포그래픽 제작 계획서

주제	

정보 수집하기

주제를 소개하는 인포그래픽을 제작하기 위하여 필요한 정보를 수집하여 쓰시오.

1	도서	2	신문기사
책제목: 저자이름: 출판사:　　　쪽수: 내용		기사제목:　　신문이름: 기자이름: 작성일: 내용	
3	인터넷	4	학술기사
자료제목: 검색일자: 사이트주소: 내용		학술기사제목: 학술지이름:　　저자이름: 참고쪽수: 내용	

인포그래픽의 핵심 요소 정하기

인포그래픽에 반영할 핵심 제재, 핵심 문장, 핵심어를 쓰시오.

핵심제재	
핵심문장	
핵심어	

4장 이미지로 소통하는 문해력

인포그래픽의 밑그림 그리기

인포그래픽 제목	
유형	☐ 지도형　　☐ 통계형　　☐ 프로세스형 ☐ 스토리텔링형　☐ 비교형　☐ 타임라인형
인포그래픽 화면 구성 (스케치 형식으로)	
인포그래픽 설명	
참고 자료	

최종 인포그래픽 제출 양식(가로형, 세로형 자유롭게 선택할 수 있음)

앞면	뒷면
(인포그래픽 제목) 학번 :　　　이름 : 인포그래픽 표현	출처: 인포그래픽 작성에 도움이 된 핵심정보원 기재 **책**　책제목. 저자이름. 출판사이름. 참고한 쪽수 **신문기사**　기사제목, 기자이름, 신문사, 게시일자 **인터넷**　자료제목, 사이트주소, 게시일자 **학술기사**　기사제목. 학술지명. 저자명. 참고한 쪽수

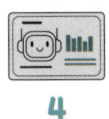

4

핵심 내용을 한눈에 쏙 들어오게 시각화하기: 포스터 그리기

　'읽기의 완성은 글쓰기'라는 마음으로 독후감과 서평 쓰기 수행평가를 반복하지만, 반마다 20%의 학생이 참여하지 않거나 포기한다. 학생들이 포기하지 않고, 즐겁게 읽고 쓰기의 과정에 참여할 수 있는 방법을 고민한다면, 문장과 그림을 배치하여 메시지를 표현하는 '포스터 그리기'를 권한다. 학생들에게 포스터를 '알아서' 그리게 하면 판에 박힌 결과물이 나온다. 따라서 우선 포스터의 구성 원리, 설득 전략, 글과 그림의 조화로운 배치 방법을 차근차근 알려 준다. 아이디어 구상부터 표현까지의 과정을 순조롭게 밟을 수 있도록 지도하면 학생들은 창의적인 포스터로 자신의 메시지를 전달할 수 있다. 포스터 그리기도 인공지능에 의존하여 노력의 과정을 생략할까 봐 걱정하지 않아도 된다. 포스터는 다양한 시각적 요소가 복잡하게 엮이는 표현 양식이라 사람의 정성과 노력이 필요하다.

포스터 poster

- **개념** 자신의 생각이나 자신이 가지고 있는 정보를 다른 사람들과 공유하고자 할 때 사용하는 매체이다.
- **목적** 새로운 사실, 정보를 여러 사람에게 널리 알릴 때 활용한다.
- **구성 요소** 간단한 문장과 도표, 표, 그림을 넣어 표현한다.

문해력 수업

영어권 문화 시간에 영어권 인물 탐구를 위한 포스터 제작 활동을 했다. 포스터의 내용을 명확히 전달하기 위해 시각적 노트를 사용했다. 활동 순서는 다음과 같다.

포스터 이해하기

교사는 학생들에게 포스터의 개념과 목적, 구성 요소, 제작 단계를 설명한다. 이때 포스터를 보게 될 예상 수용자를 설정하도록 한다. 그리고 공유의 범위에 따라 콘텐츠에 담기는 내용이 달라질 수 있음을 알려 준다. 어떻게 그리는지 감을 잡지 못하는 학생이 있다면 교과 주제에 맞는 포스터 예시를 충분히 보여 주고, '잘 만든 포스터'란 무엇인지 고민하도록 지도한다.

- **목적**: 진로와 연계한 영어권 국가의 인물 설명
- **예상 수용자**: 고등학교 2학년 '영어권 문화' 선택 학급

포스터 주제 선정

영어권 국가에서 현재 활동하고 있는 인물 중 진로와 연계하여 탐구하고 싶은 인물을 고른다. 선정한 인물에 대해 '알고 있는 것', '알고 싶은 것', '알아야 할 것'을 떠올리며 인물 주제망을 그린다.

- **인물 이름**: 마틴 셀리그만 Martin Seligman
- **선정 이유**: 긍정 심리학의 창시자로서 심리학에 큰 영향력을 발휘한 사람이기 때문에 선정하였다.
- **인물 주제망 그리기**

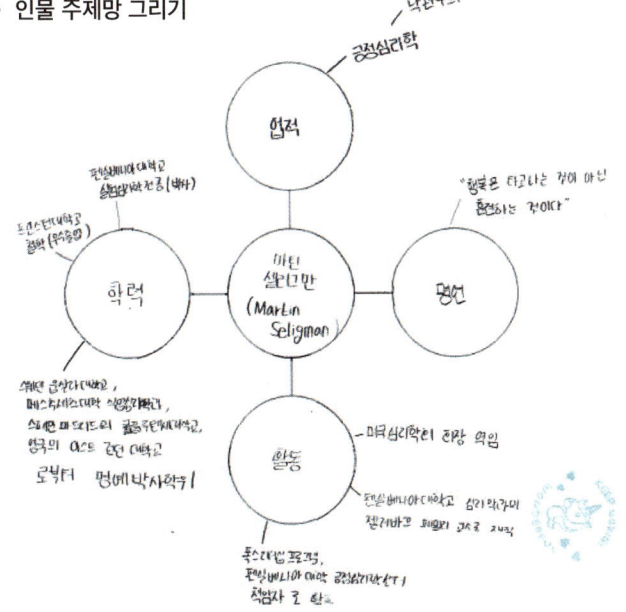

포스터 제작을 위한 자료 조사

학습 내용의 깊은 이해를 위해 조사하는 동안 필요한 경우 글뿐만 아니라 그림, 동영상 등을 참고한다. 포스터 제작에 도움이 되는 시각 자료는 미리 그림을 그리거나 사진을 찍어 놓는다.

주제		마틴 셀리그만에 대하여	
출처 작성법	☑ 단행본: 책 제목. 글쓴이. 수록 쪽수		☑ 웹 자료: 웹사이트명. 업데이트 일자, URL
	☐ 학술기사: 글 제목, 글쓴이, 학회지명, 수록쪽수		☑ 뉴스기사: 기사 제목, 기자명, 게시일자, URL
1	책	출처: 사람의 마음을 움직이는 47가지 심리학 법칙(2022). 타쿠미 에이치. 생각의날개. 244-245	

내용
1942 뉴욕 출생
1970 학습성 무력감을 연구함
1976 코넬 대학 교수로 취임, 이후 펜실베니아 대학 교수로 활동
1998 미국 긍정심리학회의 회장으로 취임
미국 긍정심리학회의 초대회장이기도 하며, 해당 분야의 오피니언 리더이다. 긍정심리학은 '인생을 더 가치 있게 만드는 것'을 주제로 하여 종례의 심리학과 다른 점을 강조한다. 또 '행복이란 무엇인가'를 실증적 연구로 알아보며 '웰빙'의 'perma' 원리를 주장했다.

2	신문기사	출처: '원영적 사고' 어떻게?…행운 가득한 긍정적 사고, 아시아경제, 김철우, 2024.05.16

내용: 심리학자 마틴 셀리그만은 '행복은 타고나는 것이 아닌 훈련하는 것이다'라고 말했다. 행복이란 유전적 특성에 의해 결정되는 것이 아니므로 행복을 구축하고 유지하기 위한 여러 행동과 태도를 훈련해야 하는 것이다.

| 3 | 인터넷 | 출처: 네이버 지식백과(두산백과) https://terms.naver.com/entry.naver?docId=5683465&cid=40942&categoryId=31531 |

내용
- 1942년 8월 12일 미국 뉴욕주 올버니의 유태인 가정에서 출생
- 알버니 아카데미를 거쳐 1964년 프리스턴 대학교에서 철학으로 학부 우수 졸업
- 펜실베니아대학교에서 실험심리학을 전공하여 1967년 박사학위 취득
- 미국심리학회 회장을 역임했으며, 코넬대학교 조교수를 거쳐 펜실베니아대학교 심리학과의 교수로 재직하며 폭스 리더십 프로그램, 펜실베니아 대학 긍정심리학 센터 책임자로 활발하게 활동 중
- 동물연구로부터 학습된 무기력의 개념을 도출하였으며, 우울증의 원인 및 치료방법 제시에 접목하여 심리학계의 큰 반향을 불러일으킴
- 비관적 인지와 무기력을 긍정적이고 낙관적인 태도로 변화시킴으로써 우울증을 치료할 수 있다고 제안함
- 회복탄력성과 낙관주의, 비관주의 등을 통하여 행복을 설명하며, 내적인 강점의 발견과 잠재력의 발현을 통해 삶의 질을 높일 수 있다고 제안함
- 하그블룸 Haggbloom 등이 2002년 집필한 『20세기 가장 영향력 있는 심리학자』에서 31번째 영향력 있는 인물이자 심리학개론 입문서에서 13번째로 가장 많이 인용된 심리학자로 선정됨

포스터 제작 계획서 작성하기

탐구한 내용을 바탕으로 주제를 표현하기에 적합한 시각적 노트[38]를 고른다. 시각적 노트를 사용하면 포스터를 체계적으로 스케치할 수 있다. 포스터 내용을 스케치 형식으로 구성할 때 포스터를 설명하는 문구를 작성한다.

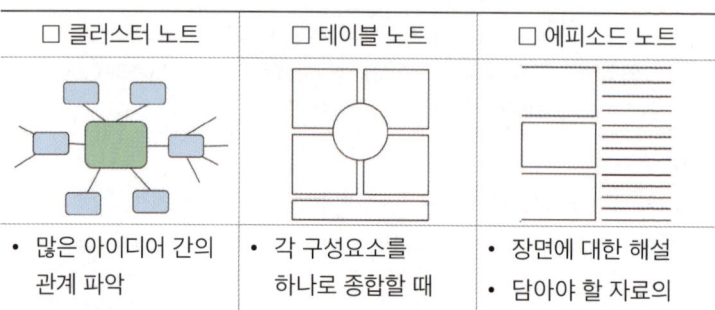

□ 클러스터 노트	□ 테이블 노트	□ 에피소드 노트
• 많은 아이디어 간의 관계 파악 • 많은 아이디어를 간단히 요약	• 각 구성요소를 하나로 종합할 때 • 여러 사람의 의견을 하나로 모을 때	• 장면에 대한 해설 • 담아야 할 자료의 출처와 출처에 있는 내용

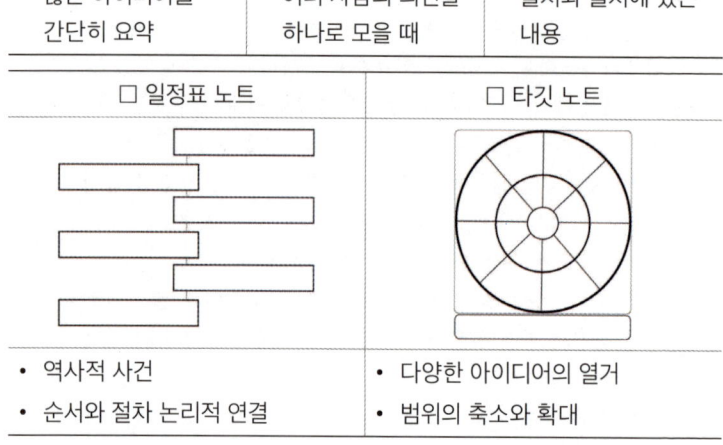

□ 일정표 노트	□ 타깃 노트
• 역사적 사건 • 순서와 절차 논리적 연결	• 다양한 아이디어의 열거 • 범위의 축소와 확대

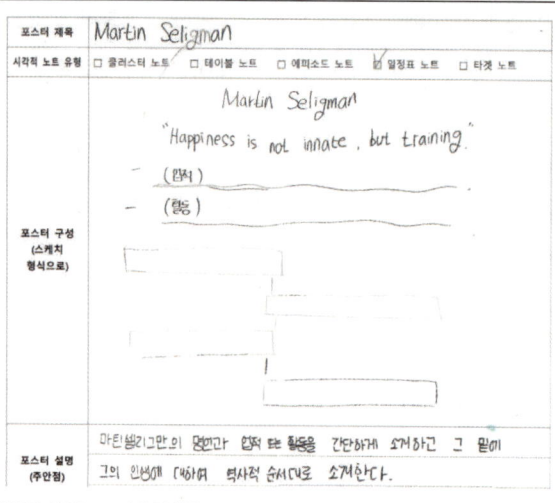

포스터 완성 및 공유

교사가 배부한 8절지에 인물 탐구 내용을 포스터 형식으로 그린다. 완성한 포스터를 교실 벽면에 부착하고 발표를 통해 공유한다. 개별 발표할 시간이 없다면 '갤러리 워크'로 운영하여 학급 전체가 함께 감상한다. 학생들은 순차적으로 게시 공간에 들러 포스터를 감상하고, 인상 깊은 포스터에 스티커를 붙인다. BEST 포스터 선정하기로 활동을 마무리한다.

미리캔버스, 캔바와 같은 사이트의 디자인 서식을 활용하여 포스터를 만들 수도 있다. 디자인 서식은 교사가 직접 제작할 수도 있으며 무료로 배포되는 전문가의 서식을 활용할 수도 있다. 교실에서 디지털 작업이 어렵다면 펜과 종이를 사용하여 포스터를 제작한다. 학생들은 대부분 포스터에 진심이기 때문에 펜과 종이를 주면 잠들지 않고 학습에 능동적으로 참여한다.

학생들은 포스터를 제작하는 과정에서 전달 목적과 수용자의 특성, 제작 과정에서 발생하는 다양한 문제로 인해 콘텐츠의 내용이 달라질 수 있다는 점을 자연스럽게 알게 된다. 포스터를 직접 제작해 보면서 매체의 재현 과정을 확실히 이해하게 된다.

포스터를 제작할 때 마음대로 그려지지 않아 괴로워하는 학생이 반마다 있다. 미술 시간이 아니니까 시각적 노트를 활용해 내용을 구조화한 후 메시지를 잘 전달하는 게 중요하다고 말하며 디자인에 재주가 없다고 작아지는 학생을 격려한다. 피드백은, 학생이 표현 단계에서 피드백의 내용을 반영할 수 있도록 포스터 제작 계획서 단계에서 제공한다.

<마틴 셀리그만> 포스터

'포스터 그리기'를 지도할 때 참고하기 좋은 자료
『미디어 리터러시 수업』 김광희 외 지음, 휴머니스트

포스터 제작 계획서

1. 인물 기초 탐구

인물 선정하기

인물 이름	
선정 이유	

인물 주제망 그리기: 인물에 대해 알고 있는 것, 알고 싶은 것, 알아야 할 것을 떠올리며 쓰시오.

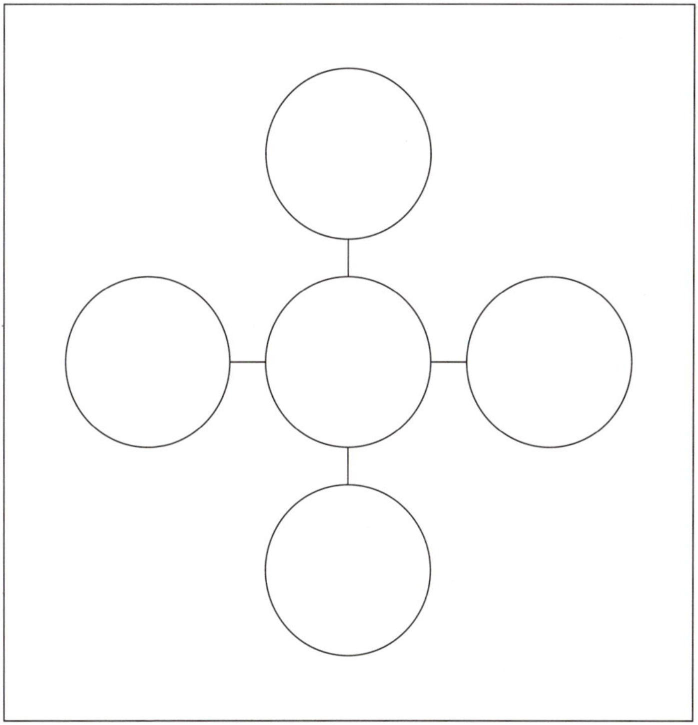

※ 인물의 어린 시절, 성장, 업적, 고뇌, 시대적 배경, 명언 등이 포함되어야 함.

2. 정보 수집하기

아래 칸에 주제를 소개하는 포스터를 제작하기 위하여 필요한 정보를 수집하여 쓰시오.

주제	
1 도서	**2 신문기사**
책제목:	기사제목: 신문이름:
저자이름:	기자이름:
출판사: 쪽수:	작성일:
내용	내용
3 인터넷	**4 학술기사**
자료제목:	학술기사제목:
검색일자:	학술지이름: 저자이름:
사이트주소:	참고쪽수:
내용	내용

3. 포스터 계획서 작성하기

과제 안내

포스터 구성	- 디자인(시각화)에 중점을 둔 부분 설명하기 - 어떤 이야기를 담고 있는지 설명하기(인물의 어린 시절, 성장, 업적, 고뇌, 시대적 배경, 명언 등) - 정보 전달의 논리적 흐름 설명하기
노트 1개 선택하기	☐ 클러스터 노트 ☐ 테이블 노트 ☐ 에피소드 노트 • 많은 아이디어 간의 관계 파악 • 각 구성요소를 하나로 종합할 때 • 장면에 대한 해설 • 많은 아이디어를 간단히 요약 • 여러 사람의 의견을 하나로 모을 때 • 담아야 할 자료의 출처와 출처에 있는 내용 ☐ 일정표 노트 ☐ 타깃 노트 • 역사적 사건 • 다양한 아이디어의 열거 • 순서와 절차 논리적 연결 • 범위의 축소와 확대

제작 계획성 작성

시각적 노트 1개를 고르고, 인물 탐구를 위한 포스터 제작 계획서를 작성하시오.

포스터 제목	
시각적 노트 유형	☐ 클러스터 노트　☐ 테이블 노트　☐ 에피소드 노트 ☐ 일정표 노트　☐ 타깃 노트
포스터 구성 (스케치 형식으로)	
포스터 설명 (주안점)	

5
디지털 언어로 작품을 재창작하기: 이모지로 번역하기

 세계 각국의 언어를 통역하는 인공지능이 번역할 수 없는 언어는 무엇일까? 일상생활 속에서 우리말 다음으로 가장 많이 사용하는 언어는 무엇일까? 답이 금방 떠오르지 않는다면 SNS와 문자메시지로 대화를 나눌 때 빠지지 않는 감정의 언어를 떠올리면 된다. 정답은 디지털 언어인 '이모지'이다.

 이모지는 감정을 직접적으로 표현하도록 도와주는 디지털 언어이자 수단이다. 정형화되지 않은 문장과 시각적 요소를 포함하는 감성의 언어이기 때문에 인공지능의 번역이 불가능하다. 이모지는 의사소통의 간극을 메우고 창의적 표현을 가능하게 해주는 매력적인 이미지 언어이다. 하지만 이모지로 소통할 때 오해가 생기지 않도록 주의하고, 대기업에 귀속된 이모티콘 대화에 길들여지지 않도록 경계할 필요가 있다.[39] 그런 의미에서 이미지 언어를 적절하게 사용하여 이모지로 작품의 내용을 재창작하는 수업을 계획하고 실천했다.

이모지emoji

- **개념**: '그림으로 만든 글자'라는 의미로 일본어에서 기원한다. '원하는 표정을 하나의 이미지로 형상화한 것'으로 컴퓨터 자판의 문자나 기호, 숫자 등의 조합으로 사람의 표정을 흉내 내는 이모티콘과는 구분된다.[40]
- **효과**: 언어 장벽을 극복하고 감정을 직접적으로 표현한다.
- **사용법**
  - 스마트폰의 문자 메시지, 카카오톡 메신저 등 각종 소셜 미디어에서 사용 가능하며 컴퓨터 단축키를 통해 이모지를 사용할 수 있다.
  - 윈도우 단축키는 '윈도우+마침표(.)' 또는 '윈도우+쌍반점(;)'이고, 애플 맥북 단축키는 'control+command+space'이다.

 문해력 수업

국어 시간에 고전 소설을 읽고, 이모지로 줄거리와 등장인물을 표현하는 활동을 했다. 이모지를 활용하면 작품 속 등장인물의 감정과 성격, 작가가 전달하는 메시지를 효과적으로 표현할 수 있다.

이모지 이해하기

교사는 과제를 제시하며, 이모지의 개념, 이모지와 이모티콘의 차이점, 이모지의 효과 및 단축키 사용법을 안내한다. 영화 소개 영상과 이모지 책을 활용하여 SNS 의사소통 외에 이모지의 다양한 쓰임을 알려 준다. 이모지로 작품을 재해석하는 과정을 영상[41]으로 보여 주거나 허먼 멜빌의 소설 『모비 딕』을 이모지로 번역한 『이모지 딕』을 보여 주면 이모지의 세계로 빠져든다. 가장 좋은 예시는 교사가 직접 이모지로 번역한 작품이다. 예시 작품을 보면 학생들도 감을 잡고 용기 있게 따라할 수 있다.

이모지로 번역한 『프런트 데스크』

이미지 번역을 위한 도서 선정

이모지 번역을 위해서는 비문학 작품보다는 줄거리와 등장인물이 있는 문학, 그중에서도 소설과 같은 이야기 구조의 글을 선정하는 것이 좋다. 등장인물의 특징과 성격이 자세히 묘사되어 있으며 사건의 전개와 인물들 간의 갈등 양상이 뚜렷하고 사건이 일어난 시간적 배경과 공간적 배경이 구체적으로 잘 나타나 있는 작품이 적절하다.[42] 한마디로 소설 구성의 3요소인 인물, 사건, 배경이 잘 드러나 있는 작품이 좋다.

- **작품 제목:** 포스트맨은 벨을 두 번 울린다
- **저자명:** 제임스 M. 케인

독서

책을 읽을 때 등장인물의 심리, 성격, 행동이 잘 드러나거나 사건, 배경, 갈등, 복선이 구체적으로 묘사되어 있는 부분에 밑줄을 긋거나 메모한다. 읽으면서 인상 깊은 구절이나 등장인물의 대사를 발견하면 표시한다. 이러한 기록이 있어야 다음 단계에서 필요한 부분을 쉽게 찾을 수 있다. 읽으면서 생각하고 기록하는 독서 활동은 책의 내용을 바탕으로 성격, 행동, 표정, 사물, 상황을 형상화할 때 유용하다.

『포스트맨은 벨을 두 번 울린다』 독서 기록

차시	1	날짜	5월 7일 4교시	읽은 페이지	120~137쪽
주요내용 (장면)	프랭크와 코라가 집행 유예 기간 동안 다투는 장면					
나의 감상 (생각)	프랑크와 코라는 전에 지내던 가게에 드디어 돌아오게 되었다. 서로가 배신했다고 말다툼을 계속하는 두 인물을 보며 서로 마음이 어긋나 결국에는 이 둘도 헤어질 것 같다는 생각을 했다.					
차시	2	날짜	5월 8일 1교시	읽은 페이지	138~165쪽
주요내용 (장면)	프랭크가 또 다른 여자와 여행하는 장면					
나의 감상 (생각)	프랭크는 코라가 그녀의 엄마 장례식장에 갔을 때 고양이를 키우는 여인과 함께 여행을 다녀온다. 프랭크는 코라와 함께 살기 위해 사람을 죽였는데, 또 다른 여자와 사귀는 선택이 당황스러웠다. 프랭크를 보며 사람은 절대 변하지 않는다는 생각이 들었다.					
차시	3	날짜	5월 14일 1교시	읽은 페이지	166~181쪽
주요내용 (장면)	코라와 프랭크의 차 사고 장면					
나의 감상 (생각)	결국 이 소설은 프랭크가 가장 행복할 때 가장 큰 비극을 맞이하는 것으로 말이 난다. 이때까지 프랭크가 한 일에 대한 벌이 주어진 것 같아 조금은 통쾌하면서도 코라의 배 속에 든 아이까지 가족을 둘이나 잃은 것이 불쌍하기도 하다. 코라는 벌을 받지 않고 죽어버린 것이 아쉽기도 하다.					

이모지로 표현하기

학생들은 교사가 배부한 구글 슬라이드에 등장인물의 특성을

작품 제목(저자명) :	포스트맨은 벨을 두 번 울린다(제임스M.케인)	→ 이모지 : 👨‍👩‍👧‍👦🔔🔔	
등장인물 이름	이모지로 등장인물을 묘사하기	등장 인물의 특성	
프랭크	👨😋😏	식당에서 일하고 말을 잘하고 사랑에 눈이 멀었다	
코라	🍳🍔😠	프랭크와 불륜을 저지른다 굉장히 충동적이다	
닉 파파다키스	😊😊😄	코라와 프랭크의 사이를 눈치채지 못하고 눈치가 없는것 같다	
카즈	👨‍💼🔍	형사이자 탐정. 코라와 프랭크의 갈등을 조성하는 결정적 역할을 한다.	
작품 줄거리		줄거리를 이모지로 표현하기	
프랭크는 우연히 선술집에서 일하게 된다.		👨🚶🍺	
식당주인 닉 파파다키스의 아내 코라와 사랑에 빠진다.		💑😍💕	
프랭크와 코라는 2차시도 만에 닉을 죽인다.		👨‍👩🔪🩸💀	
프랭크와 코라는 집행유예로 풀려나고 여행하다 교통사고로 코라가 죽는다.		👨‍👩🚗💥⚠️	
프랭크는 모든 죄를 덮어쓰고 감옥에 간다.		👨‍💼🔒😢	

쓰고, 묘사한다. 작품 내용을 상승부, 위기와 절정, 하강부로 나누어 요약한다. 작품 줄거리의 핵심 단어를 이모지로 표현한다.

이모지 공유

학생들에게 구글 슬라이드에 작성한 친구의 이모지 작품을 읽어 보게 한다. 인상적인 작품을 2개 정도 뽑아 댓글로 감상을 남기도록 한다.

> **(댓글1)** 『모비 딕』을 『이모지 딕』으로 번역한 해외 사례를 보면서 부러웠는데, 『춘향전』을 이모지로 번역한 사례를 만날 수 있어 반가웠다. 『모비 딕』처럼 우리나라의 고전 작품도 디지털 언어로 출간하여 해외에도 소개하고 싶다.

(댓글2) 작품의 결말 부분의 '백년해로'를 어떻게 풀어갈지 궁금했다. 자녀를 낳아 가족을 이루는 것으로 재치 있게 표현한 부분에서 웃었다.

활동을 안내할 때 이모지 '책 제목 맞추기 퀴즈'를 진행하면 학생들의 관심이 높아진다. 후속 활동이 가능하다면 이모지를 직접 만들어 볼 수 있다. 한 권의 책을 읽고 이모지로 표현하는 '북모지(book+Emoji)' 만들기 프로그램을 후속 활동으로 실시한다면 시각적 리터러시와 디지털 리터러시를 동시에 높일 수 있다.

> **'이모지로 번역하기'를 지도할 때 참고하기 좋은 자료**
> 『책 속 캐릭터가 팡팡 북모티콘 만들기』 최용훈 지음, 학교도서관저널

이모지로 작품을 번역하기

작품 속 주요 등장인물의 특성을 쓰고, 각 인물별로 이모지를 골라 표현하시오.

등장인물 이름	이모지로 등장인물 묘사하기	등장인물 특성 설명

작품의 줄거리를 이모지로 표현하시오.

작품 줄거리	줄거리를 이모지로 표현하기

※ 참고: 이모지 사이트 www.emojiall.com

5장

인공지능으로 확장하는 문해력

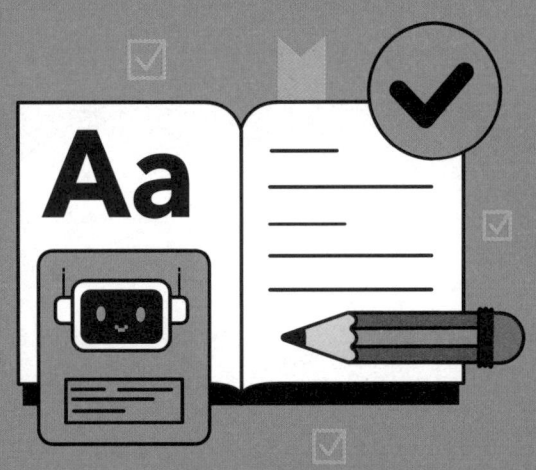

최근 인공지능에 기대어 문제를 해결하는 학생들이 많아졌다. 지식의 구성자로서 주도권을 잃지 않고, 인공지능을 활용하여 새로운 읽고 쓰기로 나아갈 수 있도록 지도가 필요한 시점이다. 인공지능과의 공존을 위해서는 인공지능을 기능적·성찰적·비판적으로 활용할 수 있어야 하는데 이를 자세히 살펴보면 다음과 같다.[43]

첫째, 여러 인공지능 서비스와 애플리케이션을 기능적으로 사용하는 역량을 길러야 한다. 프롬프트를 넣는 법, ChatGPT를 사용할 때 생길 수 있는 오류에 대한 이해가 필요하다. 다양한 인공지능을 기술적으로 잘 쓸 수 있어야 자신의 취향, 삶의 궤적에 맞춰 인공지능을 적재적소에 활용할 수 있다.

둘째, 인공지능과 자기 자신을 둘러싼 관계를 돌아보며 성찰하는 힘이 필요하다. 성찰의 힘은 인공지능과의 협업이 즐거웠는지, 안전했는지, 도움이 되었는지 등을 질문하고 어떤 방식으로 관계를 맺어 나갈 것인지 깊이 돌아보는 연습을 통해 기를 수 있다.

셋째, 인공지능의 이면에 숨겨진 생태적 이슈와 사회문제에 대해 분석적·비판적·다면적으로 이해하고 행동하는 역량이 필요하다. 비판적 리터러시는 인공지능을 기술적으로 잘 부려 먹는 일에서 나아가 인공지능의 이면에서 벌어지는 사회 문제에 대해 파악하고, 윤리의식과 책임감을 더하는 실천을 통해 키울 수 있다.

인공지능에 과도하게 의존하지 않고 함께 새로운 읽기-쓰기로 나아가기 위한 활동으로 '질문연속체를 활용한 ChatGPT 주제 탐구', '진위 여부를 검증하기', '생성형 인공지능을 활용하여 읽은 내용을 그림과 음악으로 변환하기', '인공지능의 이면 읽기'를 할 수 있다.

1

연쇄적인 질문으로 주제를 탐구하기: 질문연속체

방대한 양의 학습을 기반으로 두루뭉술하고 포괄적인 답변을 하는 ChatGPT를 효과적으로 활용하기 위해서는 '질문'이 중요하다. 특히 풀어야 하는 과제가 복잡한 경우 순차적 질문의 흐름을 밟아 가며 답변을 요청하면 한 번의 질문보다 좋은 답을 얻을 수 있다. 하지만 질문을 연습할 시간과 기회가 부족한 교실에서 질문다운 질문을 넣어 대화를 이어 가고, 이미 나온 질문에서 벗어나 다각화된 질문을 만드는 활동은 어려운 일이다. 질문연속체를 활용하면 학생들이 포기하지 않고, 새로운 지식과 상호작용하며 그 지식을 깊이 이해하게 만들 수 있다. 질문연속체는, 연속해서 질문을 할 때 더 나은 결과를 얻기 위해 앞의 질문에서 얻은 답변 내용을 다음 질문에 포함하는 생각의 사슬Chain-of-Thought, CoT[44]과 유사한 방법이다.

질문연속체|questioning sequences

- 정의: '세부사항-범주-정교화-증거'의 순서로 질문을 구성하고 계획하는 도구[45]
- 질문연속체 각 단계의 선택지[46]

세부사항	인물, 기관 혹은 단체, 지적 혹은 예술적 산물, 자연발생적 사물 혹은 동물, 자연발생적 장소, 사람이 만든 사물, 사람이 만든 장소, 사건, 자연현상, 물리적 행동, 정신적 행동, 느낌, 조건 혹은 상태, 인간이 만든 개념
범주	• 해당 범주에 속하는 예 찾기 • 해당 범주의 일반적 특성 기술하기 • 범주 내(간) 비교하기
정교화	• 특성의 이유 설명하기 • 특정한 특성의 영향 기술하기 • 일정 조건하에 무슨 일이 발생할지 예측하기
증거	• 자신의 정교화를 뒷받침하는 자료 제시하기 • 자신의 정교화를 구성하기 위해 사용한 추론 설명하기 • 자신의 결론 중 일부에 단서를 달거나 제한 두기 • 자신의 정교화를 구성하기 위해 사용한 추론에서 오류 찾기 • 자신의 정교화를 다른 관점에서 비교하기

문해력 수업

'심화영어' 시간에 '주제 탐구 프로젝트 research project'를 준비하는 과정에서 학생들에게 ChatGPT를 참고하여 탐구 질문과 탐구 개요를 작성하도록 했다. 생성형 인공지능을 100% 사용해 만든 보고서나 발표 자료를 받아 보는 것은 교육적 의미가 없기 때문에 ChatGPT에 순차적 질문을 넣어 대화를 이끌어 가는 '질문연속체'를 활용했다.

질문연속체를 활용한 프롬프트 작성법 이해하기

교사는 '질문연속체'의 개념을 설명하고, 학생들이 전략을 배우며 따라할 수 있도록 프롬프트 예시를 제공한다.

탐구 주제	방부제 기능을 하는 식품첨가물
세부사항	벤조산이란 무엇인가?
범주	벤조산의 특성은 무엇인가?
정교화	벤조산이 인체에 미치는 영향은 무엇인가?
증거	벤조산이 천식 환자들의 증상을 악화시킬 수 있는 물질이라고 했는데, 그 이유는 무엇인가?

주제 선정하기

교사의 프롬프트 예시를 참고하여 적절한 주제 추천을 요청하는 프롬프트를 입력한다.

예시	방부제 기능을 하는 식품 첨가물에 대해 보고서를 쓰려고 하는데, 적절한 주제 5개를 추천해 줘.
	숏폼(short-form) 콘텐츠와 관련해서 보고서를 쓰려고 하는데, 고등학생 수준으로 적절한 주제를 추천해 줘.
	1. 숏폼 콘텐츠가 청소년 소비 패턴에 미치는 영향: 부작용 2. 숏폼 콘텐츠와 트렌드 확산: 특정 댄스와 챌린지의 전 세계적 유행 3. 숏폼 콘텐츠의 창작과 창의성: 특성, 창작자에게 미치는 영향 4. 숏폼 콘텐츠와 정신 건강 (☞학생이 흥미를 느낀 부분) 5. 숏폼 콘텐츠의 교육적 활용 가능성

주제 키워드 찾기

탐구 주제와 관련한 핵심 단어 추천을 요청하는 프롬프트를 입력하고, 5~10개의 핵심 단어를 메모한다.

	숏폼과 관련된 검색어를 알려 줘.
	1. 숏폼 영상 2. 숏폼 뉴스 3. 소셜미디어 중독 4. 숏폼 중독 증상 (☞학생이 흥미를 느낀 부분) 5. 숏폼 중독 치료

질문연속체를 활용하여 프롬프트 작성하기

'세부사항-범주-정교화-증거'를 묻는 순서로 질문을 구성하여 프롬프트를 입력한다. 채팅창에 어떠한 질문을 넣어야 할지 막막하다면 교사가 제시한 프롬프트를 참고한다.

세부사항을 묻는 질문하기

자신이 설정한 주제의 단어 개념과 정의에 대해 질문한다.
- 숏폼이란 무엇인가?
- 도파민이란 무엇인가?

범주를 묻는 질문하기

질문에 사용된 개념들의 예시, 특성, 다른 개념과 비교하는 질문을 한다.
- 숏폼의 특징은 무엇인가?
- 숏폼 콘텐츠와 기존의 긴 형식 콘텐츠와 어떤 차이가 있나?
- 숏폼 콘텐츠를 이용하기 위한 플랫폼에는 어떤 것이 있나?

정교화를 묻는 질문하기

질문에 사용된 개념의 특성에 대한 질문(왜?), 특정 상황과 조건에서 어떤 일이 발생할지 예측하는 질문(만약~라면?), 특정한 특성의 영향을 묻는 질문을 한다.
- 도파민 중독이 우리에게 미치는 영향은 무엇인가?

- 숏폼과 도파민 중독의 상관관계는 무엇인가?

증거를 묻는 질문하기

데이터를 활용하기 전에 정교화 단계에서 했던 질문의 답을 뒷받침하는 근거, 예외적인 경우를 묻는다. 이때 'ChatGPT의 웹검색', '퍼플렉시티 perplexity', '네이버 생성형 인공지능 검색서비스 큐^{cue}' 등과 같이 출처를 정확히 알려 주는 웹검색 기반 인공지능 서비스에 물어보고 답변의 편향성, 진실성, 구체성을 확인한다.

- '도파민 중독이 우리에게 미치는 영향'에 대한 ChatGPT 답변에 신뢰성이 있는가?
- '숏폼과 도파민 중독의 상관관계에 있다'에 대한 근거는 무엇인가?

탐구 개요 작성하기

탐구의 목차 즉, 개요의 예시를 묻는다. 보고서나 발표 PPT 결과물을 만들어 달라고 하면 표절이 되기 때문에 탐구 보고서 작성 과정의 '방법'을 묻는다. ChatGPT가 제시한 목차에서 참고할 만한 소제목을 고르고, 세부 내용을 작성한다.

예시	방부제 기능을 하는 식품첨가물의 보고서 목차의 예시를 보여 줘.
	숏폼으로 인한 도파민 중독에 대해 주제 탐구 보고서를 쓰려고 해. 서론, 본론, 결론의 형식으로 목차의 예시를 보여 줘.
	서론 　1. 조사 동기 및 목적 　2. 조사 대상 　3. 조사 기간 및 방법 본론 　1. 숏폼 콘텐츠와 도파민 　2. 숏폼 콘텐츠 중독의 증상 및 부정적 영향 　3. 해결 방안 　　• 중독 예방 및 관리 방법 (☞학생이 흥미를 느낀 부분) 　　• 건강한 미디어 소비 습관의 중요성 결론

ChatGPT 개요에 따라 세부 내용 생성하기

　ChatGPT의 응답에서 '숏폼 콘텐츠 중독 예방 및 관리 방법'에 흥미를 느꼈다면, 그 내용만 탐구의 주제로 활용하겠다고 다짐하고, 새롭게 탐구의 개요를 작성한다. 개요에 따라 세부 내용을 써서 한 편의 글로 완성한다.

예시	청량음료 속 벤조산을 대체할 수 있는 방법에 대해 탐구 개요를 만들어 줘.
	숏폼 중독을 예방할 수 있는 방법에 대한 목차 예시를 보여 줘.
	1. 숏폼 중독의 이해 　• 숏폼 콘텐츠의 특징: 소비 방식과 중독성이 높은 이유 　• 중독의 증상: 일상생활에 미치는 영향 2. 예방 방법 　• 자기 인식 향상 　• 소비 시간 제안, 대안 활동 찾기 　• 디지털 디톡스 계획 수립 3. 건강한 미디어 소비 습관 　• 의식적인 소비 　• 가족과 친구와의 소통

'질문연속체'와 'ChatGPT'를 활용하여 주제 탐구 활동을 지도할 때 유의할 점은 다음과 같다.

첫째, 인공지능 표절을 피하고, '활용'을 할 수 있도록 교사는 프롬프트의 예시를 제공한다. 예를 들어 "방부제 기능을 하는 식품 첨가물에 대한 발표 자료를 만들어 줘."라고 요청하는 것이 아니라 "주제 탐구 발표를 해야 하는데, 방부제 기능을 하는 식품 첨가물의 탐구 목차를 보여 줘."라고 묻는 것이다. 이렇게 물으면 답변을 표절하지 않고 참고하게 된다.

둘째, 인공지능이 학습한 데이터는 시간상 과거 데이터이고, 특히 국내 상황과 맞지 않는 데이터가 많아 출처와 팩트 체크가 필수적이다. 여러 인공지능 서비스에 물어보고 답변이 일관되는지 교차 검증한다. 특히 출처를 정확히 알려 주는 퍼플렉시티, 큐 같은 인공지능 서비스에서 확인하는 작업이 필요하다.

셋째, 질문 수업의 경험치가 낮은 학생은 질문연속체 활동이 어렵게 느껴져 포기할 수 있다. 이런 학생에게 평소 다른 수업에서 질문법을 알려 주고 질문하는 힘을 길러 주면, 학생들은 질문연속체 활동, ChatGPT에 후속 질문 넣기를 거뜬히 해낼 수 있을 것이다.

'질문연속체'를 지도할 때 참고하기 좋은 자료
『챗GPT 국어 수업』 김가람 외 지음, 서해문집
『학생 탐구 중심 수업과 질문 연속체』
로버트 마르자노·줄리아 심스 지음, 사회평론아카데미

질문연속체를 활용한 주제 탐구

① 주제 정하기

예시	청량음료에 든 식품첨가물에 대해 고등학생을 대상으로 발표하려고 합니다. 적절한 주제를 5개 추천해 주세요.
프롬프트	

② 주제 키워드 찾기

예시	청량음료에 든 식품첨가물과 관련된 검색어를 알려 주세요.				
프롬프트	1	2	3	4	5
	6	7	8	9	10

③ 주제에 대해 탐구 질문 만들기

질문종류	우리가 만든 질문
세부사항	☐ ☐ ※ 질문에 드러나는 주요 세부사항들, 즉 질문에 사용된 단어의 개념과 정의에 대한 질문 ⓔ벤조산이란 무엇인가?
범주	☐ ☐ ※ 질문에 사용된 개념들의 예시, 특성, 다른 개념과의 비교를 묻는 질문 ⓔ벤조산의 특성은 무엇인가?
정교화	☐ ☐ ※ 질문에 사용된 개념들의 특성의 이유에 대한 질문(왜?), 특정 상황이나 조건에서 어떤 일이 발생할지 예측하는 질문(만약~라면?). 특정 특성의 영향을 묻는 질문 ⓔ벤조산이 인체에 미치는 영향은 무엇일까?
근거	☐ ☐ ※ 정교화에서 질문한 내용을 뒷받침할 수 있는 증거를 제시하거나 찾을 수 있는 질문, 그러한 근거나 예시의 사실 확인을 요청하는 질문 ⓔ벤조산이 천식 환자들의 증상을 악화시킬 수 있는 물질이라고 했는데, 그 이유와 근거는 무엇일까?

④ 탐구 개요 작성하기

예시	청량음료에 든 식품첨가물에 대해 발표하려고 하는데 서론, 본론, 결론의 형식으로 개요를 만들어 주세요.
프롬프트	

⑤ ChatGPT 개요에 따라 세부 내용 생성하기

예시	청량음료 속 벤조산을 대체할 수 있는 방법에 대해 500자 이내로 알려 주세요.
프롬프트	

2

생성형 AI의 답을 팩트 체크하기 : 알아채기

    생산성과 속도감이 중요한 요즘의 학생들은 과제를 수행할 때 ChatGPT, 뤼튼^{wrtn}에 접속한다. 의형제처럼 지내던 검색 엔진과 쿨하게 이별하고, 새로운 매체에 발 빠르게 적응하여 결과물을 만든다. ChatGPT와의 협업으로 만든 결과물인지, ChatGPT가 대신해 준 것인지 구분이 어려워 눈을 와짝 뜨고 결과물을 확인하는데 문제가 보인다. 인공지능의 평균적이고 밋밋한 서술을 다시 비판적으로 읽으며 '팩트 체크'를 해야 하는데, 그 과정을 생략한 채 분량만 채워 과제를 끝내는 것이다. 그럴듯해 보이지만 배움이 없는 결과물을 제출하는 일을 막기 위해 어떠한 가이드를 제시하면 좋을지 고민하기 시작했다. 고민 끝에 찾은 답은 교과서에 실린 글, 자신의 글, 인공지능이 생성한 텍스트를 비교하고 대조하는 '알아채기' 활동이다.[47] 인공지능으로 사실을 다루는 읽고 쓰기를 할 때 알아채기 활동을 하면 정확한 정보를 확인하는 작업의 필요성과 방법을 구체적으로 알려 줄 수 있다.

알아채기 noticing

- **개념**: 학습자와 인공지능 챗봇과의 상호작용 속에서 어떤 일이 벌어졌는지를 복기하고, 이를 비판적·성찰적으로 기록하는 활동
- **알아채기를 도와주는 질문**
  - AI와 협력하여 찾은 아이디어는 믿을 만한가요?
  - 질문 해결에 있어 채택한 아이디어와 버린 아이디어는 무엇인가요?
  - AI와의 대화가 새로운 아이디어를 주었나요? 어떤 질문과 답변이 유용한가요?
  - 앞으로도 공부할 때 인공지능과 협력하고 싶나요? 인공지능과 협력하는 과정은 즐거웠나요?
  - 독서와 AI의 공통점 및 차이점을 분석했을 때 어떤 정보가 학습에 더 도움이 되었나요? 왜 그렇게 생각하나요?

문해력 수업

기하 시간에 책과 ChatGPT를 활용하여 질문에 대한 답을 찾아 기록하고 비교하는 알아채기 활동을 했다. 전문가의 눈으로 진위 여부를 검증할 수 있도록 기하 관련 책을 읽으며 질문에 대한 답을 찾고 동일한 질문을 ChatGPT에 입력하여 비교하도록 했다.

책을 읽으며 질문에 대한 답을 찾기

오혜정의 『천성선이 들려주는 평면곡선 이야기』를 읽으며 떠오르는 질문을 쓰고, 그에 대한 답을 책에서 찾아 기록한다.

- 직교좌표 외에 점의 위치를 파악할 수 있는 방법은 무엇인가?
- 도형으로 표현되는 수학적 현상을 왜 간단한 식인 $y=f(x)$로 나타낼 수 있을까?
- 나침반을 사용해서 정확하게 위치를 알 수 없는 이유는 무엇인가?

인공지능에 질문하여 답을 찾기

각자 선호하는 인공지능 챗봇(ChatGPT, Copilot 등)을 이용하여 질문하고 그 답을 평가하여 쓴다. 이때 질문 자체가 잘못된 가정과 전제를 하고 있으면 ChatGPT도 잘못된 답을 내어 놓기 때문에 질문을 다듬어 쓴다. 예를 들어 '나침반을 사용해서 정확하게 위치를 알 수 없는 이유는 무엇인가?'라는 질문은 '나침반은 위치를 정확히 알 수 없다'란 전제를 갖고 있기 때문에 '나침반을 사용해서 정확하게 위치를 알 수 있는가?'라는 질문을 한 뒤에, '알 수 없다'라는 답이 나오면 그 다음에 그 이유를 물어야 한다.

이외에도 ChatGPT에게 명확한 지시를 하는 방법을 참고하여 질문을 작성한다.[48] 첫째, 지문과 함께 질문한다. 판단 근거를 지문으로 함께 제공하면 환각을 막을 수 있다. 둘째, 화자와 청자의 특징에 따라 ChatGPT 답변의 폭이 달라질 수 있으므로 화자 및 청자를 지정한다. 예를 들어 "수학 분야의 기하 전문가로서 택시 기하학과 유클리드 기하학의 차이를 고등학생이 이해할 수 있도록 설명해 줘."처럼 작성한다. 셋째, ChatGPT의 답변을 다시 정리하는 일을 줄이기 위해 "택시 기하학과 유클리드 기하학의 차이를 표로 정리해서 만들어 줘."처럼 형식을 지정한다.

강의 슬라이드

ChatGPT에게 좋은 질문하는 방법
1. 지문과 함께 질문
- 판단 근거를 지문으로 함께 제공하며 답변을 요구하기
- 홑따옴표(' '), 겹따옴표(" ") 등으로 지문 감싸기

ChatGPT에게 좋은 질문하는 방법
2. 화자 및 청자 지정
- 같은 단어가 분야에 따라 다른 의미로 사용되기도 함.
- ChatGPT 사용자가 스스로 답변받기를 원하는 경우가 많으므로 본인의 지식수준(예:고등학생)을 입력하면 적절한 답변을 받을 수 있음.

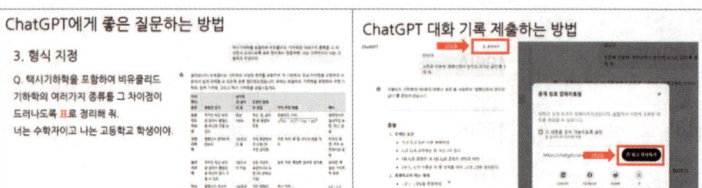

관심 주제: 극좌표

질문	책에서 찾은 답	AI가 제시한 답
① 직교좌표 외에 점의 위치를 파악할 수 있는 방법은 무엇인가?	극좌표 • 극: 현 위치를 나타내는 점 O • 극좌표: 평면 위의 임의의 점 P의 위치를 순서가 있는 실수 쌍 (r, θ)로 나타낸 것	• 극좌표계: 거리와 각도 표현(2D 공간) • 구면좌표계: 거리와 두 각도로 표현(3D 공간) • 원통좌표계: 3차원 공간에서 점의 위치를 구의 중심에서의 거리와 두 개의 각도로 표현 • 모든 좌표계
② 도형으로 표현되는 수학적 현상을 왜 간단한 식인 $y=f(x)$로 나타낼 수 있을까?	좌표를 이용했기 때문에 직선뿐만 아니라 원, 타원, 쌍곡선 같은 기하학적 도형도 $y=f(x)$식으로 간단히 나타낼 수 있다.	함수의 개념이 수학적 관계를 명확하고 직관적으로 표현하기 때문이다.

③ 나침반을 사용해서 정확하게 위치를 알 수 없는 이유는 무엇인가?	나침반에는 정북 방향을 0도로 하여 시계 방향으로 각도가 표시되었고 동서남북의 방위가 나타나 있다. 그래서 나침반으로는 방위만 알 수 있다.	지구장 간섭, 지구 자기장의 변화, 측정의 정밀성 부족, 지형적 장애물
출처	오혜정. 자음과모음. 『천성선이 들려주는 평면곡선 이야기』	ChatGPT 4o mini

소감 작성하기

'알아채기를 도와주는 질문'을 참고하여 소감을 쓴다. 독서 활동과 비교하며 AI와의 상호작용 속에서 어떤 일이 벌어졌는지 되돌아본다. 어떤 대화가 오고 갔는지 생각나지 않으면 챗봇과의 대화 기록을 다시 꼼꼼히 읽어 본다.

생성형 AI를 사용했을 때 책을 읽고 알게 된 내용 외에도 새로운 내용들을 학습할 수 있었지만 책에서 나온 내용과 다른 엉뚱한 내용이 나오기도 했다. 생성형 AI의 응답에 오류가 섞여 있고, 100%의 정확성을 보장하지 않기 때문에 협력을 하더라도 생성형 AI에만 의존하지는 않을 것이다.

ChatGPT처럼 높은 자극도를 가진 인공지능 도구를 사용하는 경우, 자극에 휩쓸리지 않게 하려면 중요한 내용을 펜으로 쓰도록 하는 것이 좋다. 손으로 쓰면 대화 내용을 천천히, 꼼꼼히 읽게 된다. ChatGPT와의 대화 과정에서 도움이 되었던 핵심 질문과 답에 대한 대화 기록은 파일로 내려받아 제출하도록 한다. ChatGPT의 '대화 다운로드' 기능을 활용하면 번거롭게 대화 과정을 옮길 필요가 없다. 알아채기를 도와주는 질문에 답할 때 모든 문항에 답하도록 하면 압박감에 포기하는 학생이 생기므로 최소 2가지 이상의 문항을 선택하여 답하도록 한다.

알아채기 활동의 핵심은 AI가 제시한 답의 진위 여부를 평가하고 이를 문제 해결에 반영할지를 결정하는 건 '자기 자신'이라는 것을 깨닫는 데 있다. AI를 제대로 평가하고 활용하려면 주제 분야의 전문가처럼 시간과 정성과 고민을 더해야 한다는 것을 학생이 깨달았다면 이 수업은 의미 있다고 말할 수 있다.

생성형 AI의 답을 비교하여 평가하기

1. KWL 차트에 쓴 내용 중 'Want 알기를 원하는 것' 항목에 작성한 질문의 답을 책과 AI를 활용하여 찾아 쓰시오.

질문	책에서 찾은 답	AI가 제시한 답
①		
②		
③		
출처		

2. 주제를 작성하고, 1차시 독서 활동과 2차시 AI 채팅 활동을 비교·분석하고 느낀 점을 작성하시오.(아래 문항 중 2가지 이상 선택하여 답하시오.)
   □ 협력한 결과물의 내용은 믿을 만한가요?
   □ 인공지능과 협력하는 과정은 즐거웠나요?
   □ 앞으로도 공부할 때 인공지능과 협력하고 싶나요?
   □ 질문 해결에 있어 저작권에 대한 침해 사항은 없었나요?
   □ 생성형 AI를 활용했을 때 추가 정보 획득에 도움이 되었나요? 어떤 질문이 유용했나요?
   □ 독서와 AI의 공통점 및 차이점을 분석했을 때 어떤 정보가 학습에 더 유용했나요? 왜 그렇게 생각하나요?

3

독서 내용을 그림으로 표현하기: 이미지 생성형 AI로 그리기

문해력 수업을 할 때 읽고 쓰기만 반복하지 않고, 읽고 그리기 활동을 섞어서 진행하는 것이 좋다. 작품을 읽고 이해한 내용을 비언어적인 방식으로 재구성하면 작품의 이해도가 더 깊어지기 때문이다. 그런데 읽고 그림으로 연결하는 활동을 할 때 "제 그림 실력으로는 제가 이해하고 상상한 세계를 제대로 표현할 수 없어요."라고 부담감을 드러내며 포기하는 학생이 생긴다. 이미지 생성형 인공지능을 활용하면 '백 마디 말보다 한 장의 그림이 더 낫다'가 통하지 않는 자타공인 막손(?) 학생들도 읽은 내용과 자기 생각을 그림으로 표현할 수 있다.

이미지 인공지능 AI Image Generator

- **개념**: 사용자가 입력한 단어를 기반으로 이미지를 생성해 주는 AI 서비스
- **종류**: Bing Image Creator, Midjourney
- **기본 프롬프트 예시**: 그림을 그려 줘(그림에 대한 묘사나 설명을 추가)
- **구체화 프롬프트 예시**: 그림의 스타일[49]을 명시한다.

그림 스타일: 일러스트레이션, 애니메이션, 마블코믹, 만화, 그라피티, 유화, 수채화, 연필, 펜화, 상세한 묘사, 판타지, 픽셀 아트, 미래적 파스텔화, 점묘화, 콜라주, 폴라로이드 포토, 라인아트, 타투아트, 스테인드글라스, 사실적 묘사, 사진, 색칠 공부, 판화, 자수 등

미술사 스타일: 아르누보, 미니멀리즘, 고딕, 기하학적, 큐비즘, 고전주의, 고대 그리스식, 바로크, 아방가르드, 초현실주의, 인상주의, 사이버네틱, 추상주의, 팝아트, 레트로, 낭만주의, 현대미술, 포스트모더니즘, 컨셉화, 구조주의, 아르데코, 표현주의, 미래주의, 프랙털, 펑크, 민족주의, 설치미술, 근대주의, 르네상스, 중세적, 동양적, 포토리얼리즘, 후기인상주의, 포스트 미니멀리즘, 프로파간다, 로코코 등

문해력 수업

국어 시간에 고전 소설 한 권을 읽고 인상 깊은 장면을 포착하여, 이미지로 표현하는 활동을 했다. 작품을 이해하고 다시 보며 프롬프트를 입력하는 과정을 반복하면 인공지능의 환각 현상을 걱정하지 않아도 된다. 등장인물, 저자의 의도, 소설의 공간적·시간적·문화적 배경을 알고 있기 때문에 인공지능이 '아무 그림 대잔치'로 표현하더라도 이를 평가하여 비판적으로 걸러낼 수 있다. 다양한 이미지 인공지능이 있지만, 무료로 이용할 수 있고, 한글로 입력해도 높은 질의 이미지를 생성하는 'Bing Image Creator'를 사용했다.

활동 이해하기

교사는 Bing Image Creator(bingimagecreator.net)에 접속하여 화면을 크게 띄운다. 라우라 에스키벨의 소설 『달콤 쌉싸름한 초콜릿』을 예시로 이미지를 만드는 과정을 보여 준다.

"먼저 작품 속 인상 깊은 장면이 떠오르면 딱 멈추어 그 이미지를 포착해요."

"엽서 한 장에 담길 그림이라고 생각하고 프롬프트를 작성하세요."

"단 한 번에 원하는 이미지를 얻는 행운을 기대하지 말고, 원하는 이미지를 얻을 때까지 이 과정을 반복하는 것이 중요합니다."

학생은 주인공의 성격, 좋아하는 음식, 살고 있는 동네와 시대 등 작품의 등장인물을 구체적으로 묘사하는 부분을 찾고, 프롬프트를 입력하는 과정을 이해한다.

소설 『달콤 쌉싸름한 초콜릿』
1910년대 멕시코 시골 부엌에서(시간과 장소) 멕시코 전통 의상을 입은 여자가 (인물 외양 묘사) 눈물을 흘리며 요리하는 중에 그 눈물이 음식에 들어간 모습을(장면) 흑백으로 그려 줘.(그림 스타일)

이미지 초안 만들기

작품을 읽으며 메모했던 내용을 활용하고, 프로파일러가 된 것처럼 작품 속 인물을 상상한다. 주인공 이름, 나라 이름과 같은 고유명사를 언급하면 작품과 관련 없는 이미지를 생성하기 때문에 작품의 시대적 배경, 공간적 배경, 인물을 자세히 묘사한다. 주인공이 발 딛고 서 있는 공간이 영국 런던이라면 혼자 살고 있는 빌라인지, 아파트인지 떠올리며 구체적으로 작성한다.

소설 『인생의 베일』 관련 첫 번째 프롬프트

1920년대 영국을 배경으로 희미한 베일을 들고 있는 여자와 그 뒤에 서 있는 월터와 찰스를 흑백으로 그려 줘.

이미지 초안 고치기

    Bing Image Creator에 접속하고 작성해 둔 프롬프트 초안을 입력한다. 작품을 읽으며 상상했던 등장인물의 모습과 AI가 생성한 모습을 비교하며 적절한지 판단한다. 미진하다면 애꿎은 마우스에 화풀이를 하지 말고 프롬프트를 수정하여 또 다른 질문을 던져 본다. 예를 들면 『인생의 베일』에서 '월터'와 '찰스', '영국'과 같은 고유 명사를 지우고, 인물의 특징과 행동, 장소를 묘사하는 표현으로 고쳐 프롬프트를 다시 입력한다.

소설 『인생의 베일』 관련 고쳐 쓴 프롬프트

1920년대 도시의 길거리에서 여자와 남자가 함께 행복해하며 서로 바라보고 있어. 멀리서 한 남자가 이 커플을 슬픈 눈으로 쳐다보고 있는 모습을 그려 줘. 레트로 코믹북 스타일.

생성한 이미지를 공유하기

Bing Image Creator가 제시한 4개의 이미지 중 가장 적절한 이미지 1개를 고른다. 이미지를 프롬프트와 함께 패들렛padlet에 올리고 발표한다.

작품명 소설 『인생의 베일』
출처 Microsoft Bing, '1920년대 영국 여자가 길거리에서 한 남자와 함께 행복해하며 서로 바라보고 있어. 멀리서 한 남자가 이 커플을 슬픈 눈으로 쳐다보고 있는 모습을 그려 줘. 레트로 코믹북 스타일.'

생성형 인공지능을 활용하여 작품에 대한 이미지를 생성하는 과정이 겉으로 보기에는 깊은 사고와 노력을 요구하지 않는 것 같아 보이지만 그렇지 않다. 작품의 내용을 이해하고, 이미지를 떠올려 프롬프트로 변환하는 과정을 반복해야 원하는 이미지를 얻을 수 있기 때문이다. 끊임없이 점검하고 조정하는 과정을 거치면 작품의 이해도는 깊어진다.

이미지 생성형 AI를 활용하여 수업을 할 때 주의할 점은 다음과 같다. 첫째, 수업 시간이 부족하여 여러 도구를 소개할 여유가 없다면 접근하기 쉬운 이미지 생성 인공지능 1개를 중심으로 운영하는 것을 추천한다. 둘째, 시간이 없으면 발표를 생략할 수도 있지만, 간단하게라도 발표를 하는 것이 좋다. 학생들은 발표를 준비하면서 아이디어를 더 정교하게 다듬는 노력을 기울인다.

학생 예시

『영혼의 집』 이사벨 아옌데	『오만과 편견』 제인 오스틴
20세기 초록색 머리의 칠레 어린 여자아이가 드레스를 입고 흰 저택을 배경으로 서 있고, 엄격해 보이는 할아버지와 중년 남자, 예쁜 중년 여성이 뒤에 있는 그림을 그려 줘. 유화.	17세기 젠트리 신분의 젊고 하얀 드레스를 입은 여성과 가발을 쓰지 않은 젊은 남성이 밝은 아침에 대저택 정원의 벤치에서 서로를 바라보고 앉아 있는 모습을 그려 줘. 인상주의 화풍.

4
작품을 음악으로 재창작하기:
음악 생성형 AI로 주제가 만들기

인공지능이 본격적으로 등장하기 전에는 교실에서 쓰기 또는 발표 같은 표현 활동이 주로 이루어졌다. 오선지 위의 음들로 하모니를 만드는 일은 음악 전문가의 영역이라고 생각했기 때문에 책을 읽고 음을 붙이고 불러 보는 일을 시도하지 않았다. 요즘에는 음악을 생성하는 인공지능의 등장으로 누구나 작곡가, 연주자처럼 자기만의 이야기로 노래할 수 있게 되었다. 글 쓰는 사람, 음악으로 표현하는 사람이 따로 있다는 '작가와 독자의 분리', '음악가와 청자'의 틀에서 벗어나 다양한 존재로 변신하며 상상력을 키울 수 있는 장이 열렸다.

음악 인공지능^{AI Music Generator}

- **개념**: 사용자가 입력한 단어를 기반으로 음악을 생성하는 AI 서비스
- **음악 생성형 AI의 종류**: AIVA, Soundful, SUNO
- **기본 프롬프트 예시**: 노래를 만들어 줘
- **구체화 프롬프트 예시**: 음악 장르와 음악사 스타일을 언급한다.

  1900년대 초반 미국에서 유행하던 재즈 양식으로 노래를 만들어 줘

  음악 장르: 팝, 록(펑크록, 헤비메탈, 얼터너티브 록), 힙합/랩, 컨트리, 재즈, 일렉트로닉, 클래식, 레게, R&B, 라틴, 펑크, 가스펠, 민속 음악

  음악사 스타일: 중세 음악, 르네상스 음악, 바로크 음악, 고전 음악, 낭만 음악, 민족주의 음악, 현대 음악

 문해력 수업

'고전 읽기' 시간에 소설 한 권을 완독하고, 작품의 주제가를 만드는 수업을 했다. 여러 음악 인공지능 서비스가 있지만 초보자도 쉽게 사용할 수 있으며, 한글 가사를 지원하는 'SUNO'를 활용했다.

학생들은 작품 속 등장인물, 저자의 의도, 소설의 공간적·시간적·문화적 배경을 파악한 상태에서 인공지능을 사용했기 때문에 인공지능이 생성한 데이터를 곧이곧대로 믿지 않았다. 환각이 있는 결과물이 나오면 이를 판단하여 다시 프롬프트를 입력하고 조정하며 결과물을 만들었다.

활동 이해하기

음악을 만드는 인공지능은 학생들에게 낯설기 때문에 교사는 음악 생성형 인공지능인 SUNO(suno.com)에 접속하여 로그인하는 방법부터 설명을 시작한다. 『폭풍의 언덕』을 주제로 프롬프트를 입력하여 곡을 만드는 과정을 보여 주며 완성한 곡을 학생들에게 들려준다. SUNO의 경우 한 번 요청할 때 2곡을 만들어 주는데, 하루에 최대 5번 시도가 가능하여 최대 10곡까지 만들 수 있다는 점을 알려 준다.

"비싼 장비나 작곡, 작사에 대한 지식이 없어도 프롬프트를 입력하면 독창적인 노래를 만들 수 있습니다."

프롬프트 예시: 소설 『폭풍의 언덕』

히스클리프와 캐서린의 맹렬한 사랑으로 인해 자신들은 물론 주변 사람들까지 파멸로 이끄는 비극인 (작품 내용 요약)

> 소설 『폭풍의 언덕』 주제가를 작가 '에밀리 브론테'가 살았던 시대
> 인 (작가/시대)
> 19세기 영국(공간)에서 유행했던 음악 양식으로 만들어 줘.

작품 주제가 노랫말 초안 만들기

한 장의 엽서에 그림을 그리듯 장면을 구체적으로 묘사하는 프롬프트를 작성한다. 작품의 음악 감독이라 생각하고 음악이 어떤 장면에 쓰이게 될지 상상하며 소설의 등장인물, 줄거리, 작가와 시대 및 당대 유행했던 음악 양식을 포함하여 초안을 쓴다.

> **이디스 워튼 소설 『여름』 프롬프트**
> 작은 마을에서 억압된 삶을 살아가던 소녀가 첫사랑을 경험하며 자아와 자유를 찾으려는 과정을 그린 소설 『여름』을 주제로 한 노래를, 20세기 초반 미국과 뉴잉글랜드에서 유행했던 음악 양식인 재즈와 블루스의 양식으로 만들어 줘.

인공지능과 함께 노랫말을 고쳐 쓰고, 완성하기

한 번의 시도로 원하는 주제가를 얻게 되는 행운은 기대하지

않는 것이 정신 건강에 좋다. 다 되었다 싶을 때 보고 또 보면 잔가지들이 보이는데 주제가에 적합하지 않은 문장은 과감히 빼고, 추가가 필요한 부분은 문장을 추가한다. "~와 어울리는 단어를 알려 줘.", "내 가사를 더욱 슬픔이 느껴지도록 수정해 줘.", "어떤 표현을 추가하면 좋을까?"와 같은 문장을 활용하여 프롬프트를 고쳐 쓴다. 고쳐 쓰기를 반복하여 완성한 곡은 패들렛과 같은 보드 플랫폼에 게시한다. 보드 플랫폼에 노래를 업로드할 때 3가지를 반드시 포함한다.

주제가를 플랫폼에 공유할 때 포함해야 할 3가지

① 노래를 감상할 수 있는 URL 주소를 복사하여 링크 걸기

② 명령어와 가사를 복사하여 붙여 넣은 후 업로드

③ 댓글로 자신이 만든 주제가에 대한 생각(소감 및 평가) 작성하기

여름: 자유의 노래 by @RenegaderStream826

[Verse]

억압된 작은 마을 속에 샤리티의 마음 춤을 춰

비밀스런 첫사랑의 설렘 그녀의 눈빛 반짝여

[Verse2]

새벽이 오면 그녀는 꿈꾸네 자유를 찾아 떠나는 길

어두운 밤에도 빛을 찾고 미래를 노래하는 아이

[Chorus]

자유의 노래를 부르리 샤리티의 여름밤

사랑은 그녀를 날게 하고 자아를 찾는 여정 속

[Bridge]

별이 빛나는 어둠 속 그녀의 마음은 춤을 춰

애틋한 첫사랑의 추억 자유를 찾아가는 길

[Verse3]

움츠린 세상 속에서도 그녀의 빛은 사라지지 않네

어딘가에서 사랑을 찾아 자유를 위해 날아가

[Chorus]

자유의 노래를 부르리 샤리티의 여름밤

사랑은 그녀를 날게 하고 자아를 찾는 여정 속

소감을 작성하며 되돌아보기

인공지능과 협력하여 만든 결과물의 완성도를 검토하고, 창작 과정에서 느낀 점을 패들렛에 댓글로 쓴다. 소감을 구체적으로 쓰기 힘들다면 교사가 제시한 성찰 질문[50]을 참고한다.

☑ 개인정보, 저작권에 대한 침해 사항은 없었나요?

☑ 인공지능과 협력한 결과물의 내용은 믿을 만한가요?
☑ 앞으로도 작곡을 할 때 인공지능과 협력하고 싶은가요?
☑ 인공지능과 협력하여 음악을 만드는 과정이 즐거웠나요?
☑ 내가 만든 음악은 인공지능과의 협력을 통해 더 나아졌나요?
☑ 인공지능과 협력하는 과정에서 나의 아이디어는 더 풍부해졌나요?
☑ 인공지능과 만든 음악에 폭력적인 가사나 선정적인 내용은 없었나요?

초반에 음악 생성형 AI에 대한 기대가 없던 학생들은 댓글로 인공지능의 성능에 대한 놀라움과 아쉬움을 동시에 드러냈다.

학생 소감

- 『춘향전』을 읽고 민요 또는 판소리의 형식으로 노래를 만들어 달라고 요청했는데, 우리의 소리를 제대로 표현하지 못했다.
- 초반에 곡을 들었을 때는 어색한 점이 많아서 점차 구체적으로 명령어를 넣었더니 멜론melon 차트 수준의 주제가를 얻을 수 있었다. 사람이 아닌 AI가 작사와 작곡, 노래를 모두 한다는 점이 신기했다. 작품을 활자로 받아들이기만 한 것이 아니라 음악으로 재창작하여 새로운 가치를 부여할 수 있는 점이 마음에 든다.
- 문학 작품을 노래로 만드는 과정에서 『달콤 쌉싸름한 초콜릿』을 또 다른 작품으로 만날 수 있었다. 줄거리를 가사로 잘 담아냈다.

AI 창작 저작권 확인하기

'자주 하는 질문(FAQs)' 메뉴의 저작권copyright 내용을 읽으며, 음악 생성형 AI로 만든 노래를 판매할 수 있는지 확인한다. SUNO의 경우 무료 버전으로 노래를 만들었다면 비상업적, 내부적 용도로 사용하는 것은 문제가 없다. 만일 유튜브에 게시하거나 출력물에 대한 소유권을 가지고 판매하고 싶다면 유료 버전으로 만든다.

인공지능을 활용하여 언어적 텍스트를 음악으로 바꿀 때 유의할 점이 있다. 첫째, 주제에 맞는 음악을 만들 수 있도록 지도하되, 충분한 예시를 제공하여 학생들의 확산적 사고를 돕는다. 다른 반 학생들이 만든 음악을 들려주면 두려움을 떨쳐 내고 시작할 수 있다. 학생 예시 작품 또는 교사가 예시 작품을 만들어 제공하기 어려운 상황이라면 유튜브에서 인공지능과 사람이 협업해서 작곡한 음악을 찾아 감상할 기회를 준다. 둘째, AI 창작 저작권에 대한 사항을 확인할 때 정보에 접근하는 방법을 화면으로 띄워 단계적으로 보여 준다. 학생들에게 알아서 저작권 메뉴에 접근하게 하면 저작권 문제를 확인하지 않는다. 셋째, 후속 활동으로 인공지능이 생성한 음악을 예술로 인정할 수 있는지, 진정한 창작이라고 볼 수 있는지, 자신이 작곡가나 가수 같은 전문가라면 인공지능과 협업할 것인지 토론하고 생각을 나눌 수 있다.

5

인공지능의 생산 윤리 파악하기: 인공지능의 이면 읽기

"인공지능은 역시 빨라, 생산성이 높아."
"환각 현상이 지속되는 것으로 보아 기능 개선이 필요해 보여."
"편향적으로 알려 주는 부분이 아쉬워."

우리는 인공지능을 사용할 때 기능, 허위 정보, 편향성, 저작권 이슈 등에 초점을 맞춰 인공지능을 평가하곤 한다. 인공지능의 속도와 생산성에 경탄하느라 우리의 삶과 지구에 미치는 영향을 놓친다. 인공지능으로 생산성을 높이는 것을 넘어 인공지능 기술이 야기하는 생태적 이슈와 노동 착취 문제를 이해하며, 인공지능에 대해 균형 잡힌 비판적 리터러시를 갖출 필요가 있다.

인공지능의 이면 읽기

- 자연어 처리 모형 가동 과정에서 발생하는 대량의 **탄소 배출**
- AI 콘텐츠 분류 작업으로 인한 개발도상국 **노동자의 우울증, 트라우마** 발생
- 배터리 공급사슬에서 일어나는 채굴, 제련, 추출, 조립, 운송으로 인한 **환경 파괴**
- 데이터센터 서버 냉각을 위해 과도하게 물을 사용하여 발생하는 **담수 부족 문제**
- AI 시스템 구축·유지·검증에 필요한 노동력을 **저임금**으로 대체하는 거대 기업의 문제

 문해력 수업

국어 시간에 환경 뉴스레터에서 인공지능의 이면을 다루는 글을 읽고 비판적으로 사유하는 수업을 했다. 인공지능에 대한 상찬을 잠시 내려 두고, 인공지능의 뿌리와 체계, 환경과 생태계, 제도와 정치, 사회와 문화에 미치는 영향에 대한 지식과 관점을 넓히는 것을 목표로 했다.

활동 이해하기

교사는 인공지능을 기능적으로 잘 사용하는 것도 중요하지만, 인공지능이 일으키는 사회 문제를 다면적으로 이해하는 것도 중요하다는 점을 학생들에게 알려 준다. 인공지능이 우리 지구에 일으키는 문제를 다룬 기사[51]를 화면에 띄운 후 요약하고 의견을 쓰는 방법을 시연한다. 빈도수가 높은 단어, 기사의 헤드라인에 포함된 단어를 살피며 핵심어 10개를 찾고 요약하도록 하면 학생들은 그냥 읽는 것보다 더 적극적으로 읽게 된다.

"AI를 기능적으로 잘 사용할 수 있도록 방법을 익히는 것도 필요하지만 AI가 일으키고 있는 사회적, 생태적 이슈를 알고 비판적으로 볼 수 있는 눈을 키워야 합니다."

"예를 들면 우리가 AI와의 대화 속에 있을 때 AI 훈련을 맡은 필리핀 노동자들은 최저 임금을 받으며 원자료를 분류하고 입력하는 작업을 해요."

"AI가 학습한 자극적이고 폭력적인 글과 이미지를 걸러내던 케냐의 노동자들은 정신적 충격으로 인해 우울증을 겪고 있습니다."

"구글은 AI 모델 버트(BERT)를 학습시키는 동안 약 652kg의 이산화탄소를 발생시켜요."

"챗GPT의 약 20~50개의 질문으로 구성된 대화를 하려면 물 500ml가 필요해요."

인공지능이 발생시키는 생태계 및 사회 이슈의 글 고르기

환경 뉴스레터, 환경 신문, 신문 기사의 헤드라인을 읽으며 관심 있는 인공지능 이슈를 고른다.

선정한 글 제목 : 위클리어스. '에너지 흡입기' 데이터센터. 2024.08.09.

중요 단어를 해시태그하고 요약하는 문장 쓰기

중요 단어를 먼저 열 개 정도 찾고 요약하는 문장을 쓴다. 요약문을 작성한 후 더 알고 싶은 내용을 쓴다. '더 알고 싶은 내용'은 토론을 할 때 말문을 여는 활동으로 사용한다.

열 개의 해시태그

#빅테크 #AI #데이터센터 #전력 #냉각수 #사용량 #지속가능 #탄소발자국 #물발자국 #노력

한 줄 요약

빅테크 기업들의 AI 확대로 인해 AI 데이터센터의 전력과 냉각수 사용량이 급증하고 있으며 이러한 문제점을 해결하기 위해 지속가능한 수자원 관리 방안이 필요하며 탄소 및 물발자국을 줄이기 위한 노력을 해야 한다.

이 글을 읽고 더 알고 싶은 내용

국내 대기업에서 어떤 방법을 사용하여 전력 사용량을 줄이고 있는지, 관련 과학 기술에는 어떠한 것들이 있는지 궁금하다.

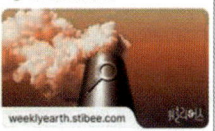

댓글로 자신의 의견 쓰기

인공지능의 문제를 다루는 글을 읽고, 새롭게 알게 된 점, 느낀 점을 댓글로 쓴다.

우리가 사용하는 AI가 환경에 많은 부정적 영향을 준다는 것을 처음 알았고, 챗GPT와 놀 때마다 내가 마시는 물 양보다 더 많은 물이 사용된다는 것을 알게 되어 경각심을 가지게 되었다.

다른 친구의 글을 읽고 댓글로 의견 달기

다른 친구가 읽은 글의 링크를 따라가 원문을 읽어 보고, 자신의 생각을 댓글로 밝힌다. 친구에게 도움을 준다는 마음을 갖고, 두 문장 이상의 분량으로 댓글을 쓴다.

[댓글1] 국내에서 어느 방법을 사용해 전력 소비를 줄이는지 나도 궁금해졌어.
[댓글2] 기술 발전이 가속화되는 것도 좋지만 이를 뒷받침해 줄 환경적 기술이 시급하다고 생각했어. 기술을 발전시키기 전에 그에 사용될 여러 에너지들에 대한 보존 기술이 먼저 발전되어야 한다고 생각해.

인공지능의 생태적 이슈, 사회적 이슈에 대해 포털 검색을 통해 찾으라고 하면 자료 접근에 많은 시간이 필요하다. 사전에 교사가 학생들이 읽으면 좋을 뉴스레터의 글이나 뉴스 기사를 찾아보고, 이를 링크로 제공하면 자료 찾는 시간을 줄이고 읽기에 집중하는 시간을 더 줄 수 있다. 긴 호흡의 수업으로 인공지능의 문제를 다면적으로 다룬다면 청소년으로서의 행동과 연대를 포함하는 실천으로 이어나갈 수 있다.

인공지능의 이면을 읽을 수 있는 뉴스, 뉴스레터 사이트

사이트명	사이트 주소	사이트 해제
AI 윤리 레터	ai-ethics.kr	AI 윤리에 대한 질문과 사례를 다루는 인공지능 전문 뉴스레터
위클리어스	weeklyearth.stibee.com	인공지능이 환경에 미치는 영향에 대한 기사를 찾아 읽을 수 있는 주간 환경 뉴스레터
뉴스펭귄	newspenguin.com	인공지능으로 인한 물 고갈, 데이터센터 등의 문제에 대한 뉴스를 제공하는 환경 뉴스 언론

인공지능의 이면 읽기

1. 인공지능이 발생시키는 생태계 및 사회 이슈의 글을 고르고 서지사항을 쓰시오.

글 제목		신문명(뉴스레터명)	
기자 이름		발행일	
URL			

고른 이유	

2. 글을 읽고 열 개의 중요 단어를 쓰시오.

①	②	③	④	⑤
⑥	⑦	⑧	⑨	⑩

※패들렛과 같은 공유 플랫폼을 활용한다면 '열 개의 해시태그'로 바꿔 쓴다.

3. 열 개의 중요 단어를 활용하여 한 문장으로 내용을 요약하시오.

4. 느낀 점을 쓰시오.

6장

과정을 평가하며 성찰하는 문해력

> B학생은 밀란 쿤데라의 『참을 수 없는 존재의 가벼움』을 읽고, '고전 소설 여행 리플릿'을 제작하기로 했다. 먼저 소설의 한 장면을 그림으로 표현하기 위해 이미지 생성형 인공지능에 접속했다. 인공지능은 한 번에 네 장의 그림을 생성했지만, 만족스러운 그림이 없었다. B학생은 수정을 거듭하며 프롬프트를 입력한 끝에 스무 장의 그림 중 '프라하의 봄'이 가장 잘 느껴지는 그림을 한 장 골랐다. 다음으로 음악 생성형 인공지능에 접속하여 주제가를 요청했다. 이번에도 인공지능은 한 문장의 프롬프트에 두 곡의 노래로 응답했다. 하지만 첫 시도로는 원하는 노래를 얻을 수 없었다. 1960년대의 느낌이 나도록 작곡을 요청했는데, 자꾸 2024년 아이돌 그룹의 노래처럼 만들었다. 초안을 네 번 고치며 여덟 번째 음악을 감상했을 때 B학생의 마음속에 '이 정도면 괜찮아'라는 소리가 들려서 작업을 끝낼 수 있었다.

인공지능과의 협업 과정을 살펴보면 인공지능이 생성한 결과물에서 작업의 끝을 판단하고, "이 정도면 그만해도 되겠어."라고 평가하며 고르는 인간의 역할이 더 중요해졌다는 사실을 알 수 있다. 인공지능은 결과물을 출력하는 과정에서 사람처럼 비판적으로 검토하지 못하기 때문에 우리는 성찰과 평가의 힘을 갖추고 과정과 결과를 판단해야 한다.

그렇다면 내용을 점검하고, 발전 정도를 확인하여 '플러스알파'를 찾아 나가는 성찰의 힘은 어떻게 키워야 할까? '글쓰기 과제를 ChatGPT로 대신할 수 있다'는 염려 속에서 스스로 평가하며 성찰하는 문해력을 키우는 방법은 다음과 같다. 가장 먼저 평가의 본질과 목적을 기억한다. 그리고 문해력 실천의 '결과물'을 평가하는 것에서 나아가 읽기의 '과정'을 두루 살피며 평가의 균형을 맞춘다. 학생을 평가의 주체로 세우는 '자기 성찰 평가', 'PMI로 되돌아보기', '동료평가', '구술평가', '질문 갤러리 워크'는 과정 평가의 유용한 지도 방법이 될 수 있다. 확장된 문해력을 실천하는 학생들이 읽고 쓰기의 과정에서 고민하고 협력한 궤적을 두루 살피는 평가를 한다면, 인공지능 시대 우리의 읽고 쓰는 일은 더 깊어질 것이다.

1
주인 의식을 갖고 되돌아보기: 자기 성찰 평가

미국 와튼 스쿨 MBA, 미국 의사 면허 시험 USMLE를 통과한 ChatGPT가 못하는 일이 바로 '되돌아보기^{reflect}'이다. 인공지능은 학습한 데이터를 바탕으로 결과물을 출력하는 과정에서 자기 행위를 스스로 돌아보지 못한다. ChatGPT가 아무리 똑똑해도 스스로 점검하고 판단할 수 없기에 사람의 판단과 선택이 더욱 중요해졌다.

판단과 선택, 성찰의 힘을 키우기 위해 긴 호흡으로 읽고 쓰며, 결과물을 만들 때 '되돌아보기' 과정을 포함하여 마무리하도록 한다. 그러면 학생들은 자신이 이룬 학업적 성취를 돌아보며 한 걸음 더 나아갈 수 있다. 학습자에게 과정을 돌아보며 '회고록을 쓰시오', '소감문을 작성하시오'와 같은 문항을 제시하고, 알아서 기록하라고 하면 자기 감상 위주의 글이 나올 수 있다. 수행 과정에서 무엇을 알고(인지적), 어떻게 느끼며(정서적), 무엇을 할 수 있는지(행동적)에 대해 설명하도록 질문의 틀을 제시하면 성찰이 담긴 소감문이 나온다. 학생들은 성찰 질문을 통해 경험을 기록하며, 스스로 배움의 과정을 돌아볼 수 있다.

> **자기 성찰 평가서**
>
> 자기 성찰 평가서는 평가 과정을 주도하며 주인 의식을 갖게 만드는 성찰 질문[52]으로 구성되어 있다. 크게 3가지로 나누어 학습자에게 제시한다.
>
> - **인지적 변화에 대한 성찰 질문**: 무엇을 배웠나요?
> - **행동적 변화에 대한 성찰 질문**: 어떻게 그것을 배웠나요?
> - **정서적 변화에 대한 성찰 질문**: ~에 대해 어떻게 느끼나요? 여러분이 수행한 활동의 어떤 점이 좋았나요?

 문해력 수업

4차시의 서양음악사 사전 제작 활동을 마무리하는 단계에서 자기 성찰 평가서를 배부했다. 학생들에게 되돌아볼 시간을 주기 위해 마지막 차시 수업에서 10분 정도를 남겨 두었다.

활동 이해하기

학생들 중 일부는 자기 성찰 시간을 '시간 낭비'라고 생각한다. 학생들이 마음을 열고 성찰의 과정에 참여할 수 있도록 '자기 성찰 평가'의 의미와 방법에 대해 차근차근 알려 준다. 학생들은 성찰의 의미를 되새기며 3개의 성찰 질문을 찬찬히 읽어 본다.

- **성찰**: 학습의 전 과정을 되돌아보며 학습을 심화시키는 과정
- **성찰 질문**: 무엇을 배웠나요? 어떻게 그것을 배웠나요? 어떤 점이 좋았나요?

인지적 변화에 대한 성찰 질문

무엇을 배웠는지 무엇을 알게 되었는지 돌아보며 열린 질문에 답한다. 특별히 의미가 있는 주제나 단계를 선택하여 쓴다.

무엇을 배웠나요?

바로크의 의미와 대표 작곡가, 바로크 시대의 음악인 오페라와 그 특징 등 바로크 시대에 대해서 자세히 배웠다. 그중 오페라와 관련된 인물인 몬테베르디에 대해 더 자세히 알게 되었는데 그의 오르페오 서곡을 알게 되었다. 또한 유명한 헨델의 오페라 〈리날도〉를 배우고, 오페라의 용어도 알게 되었다.

행동적 변화에 대한 성찰 질문

문제와 궁금증을 어떻게 해결했는지 학습의 과정을 돌아보며 질문에 답한다. 배운 것도 없고 기억나지 않아 쓸 수 없다면 자료 조사를 하면서 어떤 정보원을 활용했는지, 친구들과 어떻게 협력했는지 떠올려 본다.

어떻게 그것을 배웠나요?

여러 서적들과 인터넷 백과사전을 활용하여 바로크 시대의 음악에 대해 공부했다. 모둠원 친구들과 서로 모르는 부분에 대해 의논하며 서로의 궁금증을 함께 해결해 나갔다. 헨델의 오페라 <리날도> 곡을 유튜브에서 찾아 감상하며 오페라의 주제에 대한 궁금증을 해결했다.

정서적 영향에 대한 성찰 질문

학습의 과정에서 어떠한 점이 좋았는지, 어떤 느낌이었는지 생각하며 질문에 답한다.

수행한 활동의 어떤 점이 좋았나요?

긴 음악사 중 한 부분, 그중에서도 관심 있는 키워드를 골라 조사하고 채워나간 것이 좋았다. 한 시대 안에서 그동안 관심 있었고, 더 알아보고 싶었던 부분에 대해 배울 수 있었던 시간이라는 점에서 유익했다. 나중에 오페라 공연을 보게 된다면 배운 것을 통해서 오페라 공연을 더 깊고 자세하게 이해하고 볼 수 있을 것 같다.

공유하기

성찰하며 작성한 소감은 3~5분간 모둠별 대화를 통해 나눈다. 수업 시간을 고려하여 1~2명의 학생은 전체를 대상으로 발표한다. 만약 학급 전체를 대상으로 자신의 생각을 공유하기 힘들다면 '짝 대화'를 통해 의견을 나눈다.

자기 성찰적 글을 쓰는 활동은 메모지나 패들렛에 짧게 쓸 수도 있고 에세이처럼 길게 쓸 수도 있다. 수업이 끝날 때 그 자리에서 바로 쓰는 짧은 글은 인지적, 정서적, 성찰적 질문 3가지로 간단히 제시하고, 과제로 주는 긴 글은 '자기성찰적 글쓰기를 위한 질문 목록'을 주고 스스로 생각해 보게 한다.

학생이 작성한 자기 성찰 평가서

자기 성찰적 글쓰기를 위한 질문 목록[53]

- 내가 새롭게 알게 된 것은?
- 내가 배운 것 중 가장 놀라웠던 것은? / 인상적인 것은?
- 내가 가장 잘한 것은?
- 배운 것과 관련하여 더 알고 싶은 것은?
- 언제 가장 창의적이었는가?
- 그것을 배우기 전과 배운 후의 나는 어떻게 다른가?
- 배운 것은 나에게 어떤 의미가 있을까?
- 배운 것을 다른 관점으로 해석할 수 있을까?
- 배운 것을 어떻게 활용할 수 있을까?
- 배운 것을 이용해 이 세상을 어떻게 개선할 수 있을까?

'자기 성찰 평가'를 지도할 때 참고하기 좋은 자료
『한 가지만 바꾸기』 댄 로스스타인·루스 산타나 지음, 사회평론아카데미

자기 성찰 평가서

무엇을 배웠나요?
어떻게 그것을 배웠나요?
수행한 활동의 어떤 점이 좋았나요?

2

읽고 쓰기의 과정을 스스로 돌아보기: PMI 차트

　스스로 판단하고 평가하지 못하는 인공지능과 달리 사람은 수행 과정에서 스스로 점검하며 평가할 수 있다. 교과 시간에 학습한 내용을 새로운 산출물로 만드는 것까지 나아갈 때 마무리는 자신을 성찰하는 평가 과정으로 한다. 학생들이 결과물을 만든 다음에도 지속적으로 발전하려면 학습 전·후의 변화를 스스로 발견하는 자기 성찰이 있어야 하기 때문이다.

　학생들에게 원고지나 A4 사이즈의 종이를 나눠 주고 자기 성찰이 담긴 글을 자유롭게 쓰도록 하면 '~에 대해 알 수 있어 좋았다'와 같은 뭉툭한 소감이 나온다. 수행 과정에서 좋았던 점, 이해하기 힘든 주제와 활동, 흥미로운 점을 설명하도록 PMI 차트를 제시하면 구체적인 성찰이 담긴 글이 나온다.[54] 처음에는 성찰의 물꼬를 틀 수 있도록 문장의 틀을 제공하는 것이 도움이 된다.

PMI 차트

- P(Plus)는 플러스(+)를 의미하며, '방금 배운 학습 내용 중 어떤 부분이 좋은가'를 묻는다.
- M(Minus)은 마이너스(-)를 의미하며, '마음에 들지 않거나 이해가 되지 않는 주제나 개념이 있는가'를 묻는다.
- I(Interesting)는 흥미롭다고 생각하는 것을 의미하며, '이 수업에서 어떤 부분이 흥미롭다고 느끼는가'를 묻는다.

 문해력 수업

고전 읽기 시간에 '난민'을 주제로 도서를 읽고, 토론하는 프로젝트 학습을 진행했다. 프로젝트의 마지막 시간에 성찰의 물꼬를 틀 수 있는 PMI 차트를 나눠 주고 과정을 되돌아보게 했다.

활동 이해하기

교사는 PMI 차트를 활용해 성찰하는 글쓰기의 의미와 방법에 대해 설명하며 과제를 제시한다.

"난민 도서와 난민 뉴스레터 읽기, 인터뷰 질문 만들기, 난민과 대화 나누기, 난민 영화 감상하기 과정을 되돌아보며 PMI 차트를 작성해 봅시다."

- **PMI 차트의 개념**: 좋은 점(Plus), 마음에 들지 않은 점(Minus), 흥미로운 점(Interesting)을 묻는다.
- **PMI 차트로 성찰하기의 의미**: 스스로 학습한 내용을 되돌아보며 경험을 기록할 수 있다.

Plus 좋은 점 적기

주요 학습 내용과 과정을 떠올리며 좋았던 점을 적는다. 이때 좋은지 나쁜지 판단하기 힘든 부분은 적지 않는다.

난민과의 대화

연극 연출을 전공하고 싶은 내게 난민을 만나보는 시간은 도움이 되었다. 왜냐하면 요즘 대부분의 극이 난민과 노동 문제를 다루고 있기 때문이다. 연극 연출에 대한 배경지식이 있어도 난민과 노동 문제를 알지 못하면 극을 제대로 이해할 수 없는데, 난민의 문제를 당사자에게 직접 들으며 타자의 슬픔에 무감각했던 나를 돌아볼 수 있었다.

Minus 나쁜 점 적기

마음에 들지 않거나 이해하기 힘든 주제, 개념, 활동을 쓴다.

구술평가

난민 프로젝트가 끝난 후 이루어졌던 구술평가는 새로운 방식의 수행평가여서 낯설고 어려웠다. 특히 준비하지 못한 즉답형 개인 질문에 답할 때 긴장되고 떨렸다. 하지만 나의 부족한 점을 발견하고 보완하는 과정을 통해 면접에 대한 경험을 쌓고 자신감을 키울 수 있었다.

Interesting 흥미로운 점 적기

흥미롭게 느꼈던 학습 내용, 활동을 떠올리며 쓴다.

난민 영화 <터미널> 감상

영화를 더욱 깊이 있게 감상하며, 사소한 연출까지 알아차릴 수 있었다. 난민 영화 감상을 통해 난민의 고충과 슬픔, 어려움을 느낄 수 있었다. 영화를 더 깊이 있게 분석하고 감상하는 방법도 익힐 수 있었다.

긴 호흡의 프로젝트를 마치며 PMI 차트를 작성할 수도 있지만 에세이나 소설 같은 이야기 글을 읽은 경우에도 PMI 차트로 되돌아보기 활동을 할 수 있다. 'Plus'에 책을 읽고 공감된 부분이나 좋았던 부분을 쓰고, 'Minus'에 공감되지 않은 부분이나 이해가 되지 않은 부분을 쓴다. 'Interesting'에는 흥미로웠던 부분을 쓴다.

PMI 차트를 작성할 때 시간을 충분히 제공해야 학생들이 주요 학습 내용을 떠올리고 과정을 성찰할 수 있다. 교과 진도 때문에 성

학생이 작성한 PMI 차트

2학기 고전읽기 수업 활동을 되돌아보며 PMI차트를 작성하시오.

- P(Plus): 학습 내용 중 어떤 부분이 좋은가?
- M(Minus): 마음에 들지 않거나 이해가 되지 않는 주제나 활동이 있는가?
- I(Interesting): 한 학기의 수업에서 어떤 부분이 흥미롭다고 느끼는가? 종합 의견을 쓰시오.

P lus	M inus	I nteresting
• 난민을 실제로 만나서 난민에 대해 알 수 있었다. 난민 책을 읽고, 직접 대화를 나누며 난민에 대한 선입견에서 벗어날 수 있었다. • 난민이 문제로 나에게서 멀어지고 나와 무관한 일들이 아님을 깨달았으며 나를 둘러싼 세계의 일들에도 관심을 가지고 둘러봐야겠다고 생각했다.	• 난민이 간 나라에 정착하기까지 많은 어려움이 있다는 메시지를 담은 난민 보드게임을 했다. 그런데 의뢰로 쉽게 끝난 친구들이 있었다. 아무리 게임이 쉽다고 해도 난민이라는 지위 자체가 많은 게임으로 생각하기 때문에 쉽게 끝난 것이 아쉬웠다.	• 이집트, 중국 등 다양한 국가에서 온 난민들을 만났다. 난민은 항상 약한 나라나 후진국에서만 생긴다고 알고 있었는데, 아니었다. 중국이라는 나라에서도 난민이 생길 수 있다는 점이 흥미로웠다. • 전쟁, 자연재해에 의해서만 생기는 것이 아니라 나라의 체제, 정치적 이유 때문에도 난민이 생길 수 있다는 점이 새로웠다.

찰할 시간을 확보하기 어렵다면 다른 날에 수행하게 한다. 다른 날에도 시간이 부족하면 숙제로 제시한다. 성찰은 학생이 학습한 내용과 자신의 삶을 연결하는 데 도움을 주기 때문에 이 과정을 생략하지 않는 것이 중요하다.

'PMI 차트'를 지도할 때 참고하기 좋은 자료

『배우는 대로 쏙쏙 기억되는 7단계 수업전략 7R』
마릴리 스프렌거 지음, 교육을바꾸는사람들

PMI 차트로 성찰하기

P(Plus): 학습 내용 중 어떤 부분이 좋은가요?
M(Minus): 마음에 들지 않거나 이해가 되지 않는 주제나 활동이 있나요?
I(Interesting): 어떤 부분이 흥미롭다고 느껴지나요? 종합 의견을 쓰세요.

Plus	
Minus	
Interesting	

3

팀플레이 과정을 되돌아보기: 동료 평가

인간과 기계의 접촉이 증가하는 인공지능의 시대에 함께 읽고 쓰며 상호작용하는 시간이 줄어들고 있다. 교실에서도 오롯이 혼자 학습하는 경우가 많아서, 균형을 맞추기 위해 모둠 수업을 진행하면 학생들의 불만 섞인 목소리가 들려온다.

"차라리 혼자 하는 게 더 빠르겠어요."

"모둠 과제가 제일 힘들어요."

"조별 과제는 팀 운이 중요해요."

모둠 과제는 개인별 기여도가 명확히 드러나지 않기 때문에, 간혹 과제에 성실하게 임하지 않는 학생이 있다. 이러한 상황을 예방하고 또래 피드백의 기회를 제공하기 위해 그룹 과제에 동료 평가를 포함한다. 동료 평가를 통해 학생들은 주인의식을 갖게 되고, 선생님보다 친근한 방식과 언어로 자기 생각을 나눌 수 있다.

동료 평가

모둠 활동을 마친 후 서로 얼마나 잘 협력했는지 반성하고, 하나의 모둠으로서 자신들이 얼마나 효율적이었는지 성찰하며 평가하는 활동이다. 모둠 활동을 돌아볼 때 교사가 제시하면 좋을 질문[55]은 다음과 같다.

- 우리 모둠 활동의 목적은 무엇이었나요? 우리는 그 목적을 달성했나요?
- 우리 모둠의 활동은 우리에게 어떤 질문을 제시했나요? 하나의 모둠으로 활동하면서 어떤 문제에 부딪혔나요?
- 모둠 활동의 마무리 단계에서 우리가 보여 준 수행 능력은 모둠 활동을 시작했을 때와 비교해 어떤가요?
- 학습하고자 하는 다른 사람을 모둠 내에서 지도하게 된다면 그들에게 도움이 되도록 무슨 말을 해줄 수 있을까요?

 문해력 수업

영어권 문화 시간에 '영어권 문화 잡지 만들기' 수행평가에서 '동료 활동 평가서'를 활용했다. 총 6차시로 진행한 프로젝트의 마지막 시간 종료 10분 전 '동료 평가'를 실시하며 과정을 되돌아보는 시간을 가졌다.

완성한 결과물에 대한 간단한 설명을 쓰기

모둠 활동의 목적이 무엇이었는지, 그 목적을 달성했는지 돌아보며, 모둠에서 완성한 여행 가이드 잡지에 관한 간단한 설명을 작성한다.

우리는 '영국의 세계 문화 유산'을 주제로 영어권 문화 잡지 기사를 작성했다. 영국의 세계 문화 유산을 인공물과 자연물로 나누어 각각 3개씩 소개했다.

자신과 모둠원이 진행 과정에서 어떤 일을 했는지
돌아보며 쓰기

각자 맡은 역할을 제대로 수행했는지, 모둠 내에서 의사소통과 협업은 어땠는지 돌아보며 자기가 한 일, 다른 모둠원이 한 일을 돌아보며 동료 활동 평가서를 구체적으로 작성한다. '열심히 참여하였다'와 같이 형식적인 문장만 떠오른다면 '협업을 평가하기 위한 루브릭[56]'(☞ 269쪽)을 참고한다. 정보 공유, 팀 기여도, 경청과 협력을 통해 타인을 존중했는지 생각하며 작성한다.

이름	무엇을 얼마나 열심히 했나요?
송○○ (나)	런던 탑, 큐 왕립 식물원에 대해 책과 기사를 활용하여 자료 수집을 했고, 발표를 맡았다. 표지와 목차에 영국의 국기를 넣어 독자들이 가이드북의 주제가 영국임을 한눈에 알아볼 수 있도록 꾸몄다.
문○○	스톤헨지, 더럼 대성당에 대해 기사와 논문을 활용하여 조사했고, 모둠원들의 출처를 모아 참고문헌 페이지를 정리했다. 발표를 위한 대본을 작성했다.
이○○	포스교, 아이언브리지 계곡에 대해 인터넷에서 자료를 조사하고, 각 문화유산의 이미지를 찾아 수집했다. 발표 자료의 디자인을 맡아 캔바로 편집했다.

모둠 활동 소감 쓰기

모둠원들끼리 협업하여 결과물을 만들면서 느낀 점을 구체적으로 작성한다. 자세히 쓰기 힘들다면 선생님이 제시한 '모둠 활동을 돌아보는 질문'(☞ 270쪽)을 참고한다.

우리 모둠의 활동 목적은 영국의 세계 문화 유산 잡지를 만들고 발표하는 것이었다. 3명의 모둠원이 인공물과 자연물로 나눠 한 권의 가이드북을 만들었다.

주제 선정부터 자료조사, 잡지 편집까지 모둠원끼리 협업하여 과제를 진행해야 되는데, 선택 과목이라 처음에는 모둠원이 낯설고 어색했다. 1, 2차시에는 자료 조사가 미흡하고, 목차가 수정되어 어려움이 있었지만 5, 6차시에는 모둠원들과 친해져서 어렵지만 즐겁게 과정을 수행할 수 있었다. 누군가 혼자 짊어지는 것이 아니라 각자 맡은 자료 조사를 충실히 해야 전체 결과물도 좋아진다는 사실을 깨달았다.

개인별 자료 조사에 어려움을 겪는 모둠 친구를 지도한다면, 한국 정보원 외에 영국의 정보원을 활용할 수 있다는 사실을 알려줄 것이다. 언어의 장벽으로 외국 정보원 이용이 어렵다면 번역하여 자료화하는 법을 소개하여 도움을 주고 싶다.

동료 평가를 할 때 주의할 점이 있다. 첫째, 협업을 평가하기 위한 루브릭은 1차시 모둠 활동을 시작할 때 제시하여 모둠 학습을 수행하면서 참고하도록 한다. 둘째, 동료 평가의 결과를 점수화하여 수행평가에 반영하지 않는다. 나의 동료 평가가 친구의 수행평가 점수에 반영된다고 하면 학습자들은 부담을 느껴 동료 평가에 능동적으로 참여하지 않는다. 셋째, 동료 평가를 할 때 조원의 작업 내용에 대한 강점이 아닌 개선할 점만 쓰지 않도록 한다. 동료의 단점만 쓰면 모둠원의 마음이 다치고 상할 수 있다. 단점만 써서 상처받는 일이 생기지 않도록, 막막할 때는 '잘한 점 3가지, 보완이 필요한 부분 2가지, 질문 1가지' 형식으로 작성하게 한다.

> **'동료 평가'를 지도할 때 참고하기 좋은 자료**
> 『최고의 원격수업 만들기』 권정민 지음, 사회평론아카데미

동료 활동 평가서

1. 우리는 (　　　　　)을(를) 주제로 영어권 문화 잡지를 제작하였습니다.
   모둠원은 (　　　, 　　　, 　　　)입니다.

2. 우리 모둠의 결과물에 대해 간단히 설명하시오.
   _____
   _____
   _____

3. 자신과 모둠원이 진행 과정에서 어떤 일을 했는지 돌아보며 구체적으로 쓰시오. ※ '협업을 평가하기 위한 루브릭'을 참고하여 쓰시오.

협업		1점 기초	2점 발전	3점 달성	4점 탁월
팀 기여도	정보 공유	팀원들에게 어떤 정보도 전달하지 않는다.	정보를 거의 전달하지 않으며, 전달하더라도 주제와 관련된 정보는 일부에 불과하다.	몇몇 기본 정보를 전달한다. 전달하는 정보 대부분이 주제와 관련 있다.	많은 정보를 전달한다. 전달하는 정보 모두 주제와 관련 있다.
타인의 관점을 존중하는 태도	경청	항상 혼자 말하며, 팀원들이 말할 기회를 주지 않는다.	혼자 말하는 시간이 많고, 팀원들이 말할 기회를 잘 주지 않는다.	가끔 묻기도 하지만 주로 말하는 편이다.	팀원들과 동등하게 듣고 말한다.
	협력	팀원들과 자주 말싸움을 벌인다.	팀원들과 가끔 말싸움을 벌인다.	팀원들과 좀처럼 말싸움을 벌이지 않는다.	팀원들과 절대 말싸움을 벌이지 않는다.

이름	무엇을 얼마나 열심히 했나요?

4. 모둠 활동 소감을 쓰시오.

※ 답하고 싶은 질문을 2개 이상 고르고, 그 질문에 답하는 마음으로 소감을 쓰시오.

☐ 우리 모둠의 활동 목적은 무엇이었나요? 우리는 그 목적을 달성했나요?

☐ 모둠 활동을 하면서 어떤 문제에 부딪혔나요?

☐ 모둠 활동의 마무리 단계에서 보여준 수행능력은 모둠 활동을 시작했을 때와 비교해 어떤가요?

☐ 다른 사람을 모둠 내에서 지도하게 된다면 그들에게 도움이 되도록 무슨 말을 해줄 수 있을까요?

4

말하며 경청과 공감의 힘을 키우기: 구술 평가

　사춘기 학생들과 생활하다 보면 상대에게 막말을 던지고, 미디어에서 보고 들은 비속어를 답습하여 내지르는 말소리를 자주 듣게 된다. 인공지능과의 대화에서도 평소의 언어 습관이 나오는데, 원하는 응답이 나오지 않으면 채팅창에 원시적인 낱말을 쏟아낸다. 인공지능과 협업할 때는 인공지능의 말을 읽고 이해해야 협업의 의미가 있듯이, 협동학습에서도 친구의 말을 경청해야 협동의 가치가 있다. 하지만 학생들은 스스로 무슨 말을 하는지 의식하지 못하고, 상대가 듣든지 말든지 신경 쓰지 않는 말하기를 반복하곤 한다. 이처럼 정돈된 말하기 연습이 필요한 학생이 있는가 하면 말하기의 두려움이 커서 발표를 포기하는 학생도 있다. 이런 학생은 활동에 성실히 참여했지만 전체를 대상으로 자기의 생각을 말하기 힘들어한다.
　책 속 글, 문제집, 인공지능 채팅창에서 나아가 사람과 사람 사이에서 말글을 사용하는 경험치를 높여 주려면 어떻게 해야 할까? 소집단 안에서 마주 앉은 친구들을 응시하며 공부한 내용을 말하는 '구술 평가'에서 답을 찾았다. 구술 평가를 하면 말하기의 무서움이 큰 학생과 정돈된 말하기 연습이 필요한 학생 모두가 자연스럽게 말하는 능력, 마주 앉은 타인을 바라보며 공감하는 태도를 키워 나갈 수 있다.

구술 평가

책을 읽고 주어진 물음에 답하며 그 내용과 전달력을 평가하는 활동이다. 쓰기 위주의 평가에 말하기 평가를 더할 수 있고, 말하기 능력이 뛰어난 학생을 발견할 수 있다는 장점이 있다.[57]

- **문항별 응답 시간**: 50초 이상 70초 이하
- **질문**: 3가지(10개 질문 중에서 뽑은 2가지+상호 질문 1가지)
- 10개의 문항은 구술평가 전 수업에서 공개하고, 준비 시간 50분을 제공함
- **유의 사항**: 평가 중엔 교사에게 질문이 불가하며 메모를 볼 수 없음
- **평가 기준**: 시선 처리와 목소리 크기, 말하는 방식과 태도, 질문에 맞는 답을 하고 근거를 명확하고 타당하게 붙이기

문해력 수업

국어 수업에서 난민 프로젝트 수업을 마치고, 구술 평가를 했다. 학생들은 난민 프로젝트를 진행하며 난민 관련 도서, 뉴스레터를 읽고 이집트, 중국 난민과 만나 대화를 나눴다. 이 프로젝트의 전체 과정에 대한 구술 평가 질문 10개를 만들고 평가를 총 2차시로 진행했다.

구술 평가 이해하기(1차시)

구술 평가의 의미와 방법(시간, 질문, 발언 순서)을 설명하며 과제를 제시한다. 중학생이라면 '구술'이라는 말을 이해하는 것부터 출발하고, 구술이 왜 필요한지 의견을 나누도록 한다. 고등학생은 입시를 외면할 수 없기 때문에 면접에 도움이 된다고 안내한다.

"지필고사만으로 온전히 평가받지 못한 실력을 구술 평가로 평가받을 수 있습니다."

"친구들의 발표를 들으면 어떻게 하는 게 구술을 잘하는 것인지 금방 알 수 있습니다."

이렇게 자세히 안내하여 학생의 두려움을 낮춘 후 구술 평가의 문을 연다.

구술 평가 자리 배치도

① A학생	② B학생
④ D학생	③ C학생

구술 평가 순서(3바퀴)

①부터 차례로 첫 번째 질문에 대한 답변
①부터 차례로 두 번째 질문에 대한 답변

①이 ②에게 추가 질문
②가 ③에게 추가 질문
③이 ④에게 추가 질문
④가 ①에게 추가 질문

구술 평가 과제에 대한 답안 작성하기(1차시)

다음 차시에 진행될 구술 평가에 대비하여 10개 문항에 대한 답안을 작성한다. 답변에 근거와 이유를 넣어 말하는 연습을 한다.

구술 평가 문항

1. 난민과의 대화 포스터에 대해 설명하시오.
2. 난민 보드게임을 하면 느낀 점에 대해 설명하시오.
3. 베트남에 대해 새롭게 알게 된 사실을 말하시오.
4. 난민과의 대화에서 새로 알게 된 점과 느낀 점에 대해 설명하시오
5. <터미널> 영화 속 가장 인상 깊은 장면을 이유와 함께 설명하시오.
6. 자신이 읽은 책의 이름과 주제를 한마디로 정의하고, 느낀 점을 설명하시오.
7. 자신이 읽은 책에서 말하는 사회 문제에 대해 자신의 해결 방안을

말하시오.

8. 자신이 읽은 책에서 사회 문제를 개선하는 데 도움이 되는 내용을 설명하시오.

9. 난민 도서 읽기 전·후를 비교할 때 나의 생각은 어떻게 변화했는지 설명하시오.

10. <디스플레이스드> 기사 중 가장 인상 깊게 읽은 기사를 소개하고, 자기 생각을 말하시오.

구술 평가에 참여하기(2차시)

문제를 뽑고 타이머로 시간을 확인하며 발언 시간을 조정한다. 4명 기준으로 한 바퀴 도는 데 6분가량 소요되는데, 두 번째 세 번째 바퀴에서도 이름을 먼저 밝히고 답을 말한다. 시작할 때 핸드폰 타이머의 시작 버튼을 누르고, 발언을 종료하면 중단 버튼을 누른다. 추가 질문을 할 때는 친구의 답변을 참고해 질문을 던진다.

구술 평가의 장점은 포기하는 학생이 거의 없다는 점이다. 전체를 대상으로 말하기를 힘들어하던 학생은 구술 평가 과정에서 긴장감과 짜릿한 재미를 느끼는 동시에 자신의 생각을 진지하게 말한다. 다른 친구의 얼굴을 응시하며 경청하는 모습도 보인다.

구술 평가를 할 때 주의할 점은 다음과 같다. 첫째, 추가 질문이 없을 경우를 대비해 교사는 미리 질문을 준비해 둔다. 형평성을 위해 추가 질문은 학생들에게 사전 공개하지 않는다. 둘째, 구술 평가를 진행할 때 롤러코스터의 꼭대기에 오른 듯한 긴장감을 보이는 학생들이 있다. 이때 교사는 응원하는 마음으로 학생을 바라보며 긴장감을 낮춰 준다. 셋째, 다른 모둠에서 평가에 참여할 때 평가를 마친 모둠은 책을 읽도록 한다. 평가를 마친 모둠이 구술평가를 끝냈다는 안도감에 떠드는 경우가 있기 때문에 평가에 방해되는 행동을 하지 않도록 주의를 준다. 넷째, 질문 개수를 줄이면 대본을 써서 외우듯 훈련하는 학생이 생기므로 질문 준비 과정이 힘들어도 질문은 10개 정도를 준비한다. 암기식 말하기를 방지하기 위해 질문 개수를 10개 이상으로 늘린다면 그만큼 준비 시간을 주어야 한다.

　구술 평가는 아직 학생과 교사에게 낯선 평가 방식이지만, 중요한 건 일단 해보는 것이다. 처음의 시도가 어려울 뿐 한 번, 두 번, 자꾸 시도하다 보면 자기에게 맞는 방식으로 맞춰 나갈 수 있다.

> **'구술 평가'를 지도할 때 참고하기 좋은 자료**
> 『나의 책 읽기 수업』 송승훈 지음, 나무연필

5

개인의 생각을 전체에 공유하기: 질문 갤러리 워크

　인공지능은 학습된 데이터를 바탕으로 결과물을 출력할 때 자신의 행위를 돌아보지 않는다. 하지만 사람은 수행 과정을 돌아보며 앞으로 한 걸음 더 나아간다. 성찰과 평가의 힘을 알기 때문에 진도로 마음이 바빠도 학생들에게 공유하고 성찰하는 시간을 준다. 그런데 긴 호흡으로 프로젝트 수업을 하다 보면 성찰의 기회를 주고 싶지만 시간이 부족할 때가 많다. '짧은 시간 안에 빠르게 쓰면서 활동을 되돌아보는 방법은 없을까?' 질문이 들 때 '질문 갤러리 워크' 활동을 하면 자연스럽게 모든 학생이 성찰에 참여하도록 만들 수 있다. '질문 갤러리 워크'란 질문을 통해 수업 내용을 반복하고 깊이 있는 생각을 하게 만드는 활동으로 복잡한 절차 없이 개인의 생각을 전체 학급에 공유할 수 있다.

질문 갤러리 워크

미술관에서 도슨트^{docent}가 관람객에게 작품을 설명하듯이 토론 결과나 학습 내용에 관해 설명하는 활동이다.[58] 박물관처럼 학습자가 관람객이 되어 포스트잇을 읽고, 관찰한다. 각 질문별로 도슨트가 종합한 설명을 들으면서 다양한 아이디어를 배우게 되고, 질문을 통해 경청과 비판적 사고력을 키울 수 있다. 갤러리 워크의 질문[59]은 다음과 같이 4가지로 제시한다.

- **관찰**: 무엇을 보았는가?
- **놀람**: 무엇을 새롭게 알았는가?
- **연결**: 무엇이 나와 연결되는가? 나의 삶, 경험과 어떻게 연결되는가?
- **질문**: 무엇을 더 알고 싶은가? 호기심이 생기는 부분 또는 반대하는 부분은 무엇인가?

문해력 수업

국어 시간에 난민 프로젝트 학습을 마무리하는 단계에서 '질문 갤러리 워크'를 통해 성찰하는 활동을 했다. 난민 도서 읽기, 난민과의 대화, 월드카페 토론, 난민 영화 감상, 난민 포스터 만들기 등 한 학기 동안 참여했던 활동을 파노라마처럼 펼치며 각 질문에 대한 생각들을 쓰도록 했다.

활동 이해하기

교사는 '질문 갤러리 워크' 활동의 개념과 의미를 설명하며 과제를 제시한다. 색깔이 다른 4장의 포스트잇을 나눠 주고, 전지 4장(관찰, 연결, 놀람, 질문)을 사방에 붙인다.

- **질문 갤러리 워크의 개념**: 박물관처럼 포스트잇을 읽고 관찰하는 활동
- **질문 갤러리 워크의 의미**: 4개의 질문에 대한 답을 쓰고, 전지에 붙여 갤러리처럼 해당 내용을 공유하며 아이디어를 배울 수 있다.

질문에 대한 답을 쓰기

학생들은 5분 동안 각 질문(관찰-놀람-연결-질문)에 대한 답을 핵심어 중심으로 포스트잇에 쓴다.

관찰: 무엇을 보았는가?
- 이집트, 중국 난민을 직접 만나 대화하며 한국 사회에서의 난민으로 살아가는 어려움을 보고 느꼈다.
- 〈터미널〉 영화를 보면서 난민에 대해 쉽게 다가갈 수 있었다. 중국 난민과 대화를 나누며 난민 문제에 대해 깊이 알 수 있었으며, 색

다른 경험을 할 수 있었다.

놀람: 무엇을 새롭게 알았는가?
- 전쟁뿐만 아니라 종교, 정치 등 다양한 경로로 난민이 된다는 사실을 알았다.
- 우리나라의 난민 인정률이 우크라이나를 침공한 러시아보다 낮다는 사실에 놀랐다.
- 한국의 난민 인정률이 OECD 최하위권이라는 점, 경제 수준과 난민 수용 비율이 비례하지 않는다는 사실을 알고 놀랐다.

연결: 무엇이 나와 연결되는가?
- 누구나 난민이 될 수 있다. 누구도 난민이 될지 예상하지 못했다. 나도 난민이 될 수 있다.
- 난민은 우리와 다른 차별적인 존재가 아니라 평범한 사람이다. 휴전 국가에 살고 있는 우리도 언젠가는 난민이 될 수 있다.

질문: 무엇을 더 알고 싶은가?
- 난민 심사 때 난민에게 어떤 질문을 할까?
- 실제로 일반 시민들은 난민 수용에 대해 어떻게 생각할까?
- 난민을 돕기 위한 구체적인 제도와 기구는 어떻게 만들어야 할까?

관찰

1학기 때 '사랑'이라는 주제로
리플릿을 만들었고,
2학기 때는 '난민'이라는 주제로
난민과 대화하고 책을 읽으며
포스터를 만들었다.

질문
(호기심)

실제로 일반 시민들은 난민 수용에
관해 어떻게 생각하는지 찬반을
나눠서 알아보고 싶다.

연결

난민은 우리와 다르고 차별적인
존재라고 생각했는데 아니라 같은
평범한 사람이라든지 나와 연결되
는 점같진 같다.

놀람
(새로 알게 된 것)

1학기 때 리플릿 만들기 활동을 하면서
책을 더욱 깊게 이해하는 방법과
2학기 때 난민과의 대화 활동을
하면서 난민 분들의 사회적 배경에
대해 더 자세히 알게 되었다.

작성한 포스트잇을 전지에 붙이기

관찰, 놀람, 연결, 질문 각각의 전지에 작성한 포스트잇을 전지에 붙인다.

포스트잇을 읽고 관찰하기

모둠별 또는 분단별로 관람 순서를 정한다. 박물관처럼 15분 동안 관람객이 되어 돌아다니며, 전지에 부착한 포스트잇 내용(도출한 결과물)을 읽고 관찰한다.

각 질문별 도슨트가 내용을 요약하여 발표하기

도슨트의 설명을 듣고, 관람한 내용을 떠올리며 기억에 남는 부분을 '질문 갤러리 워크 활동지'에 기록한다.

모두가 주인공이 되는 '질문 갤러리 워크' 활동을 할 때 유의할 점은 다음과 같다. 첫째, 학생들이 다른 학생의 기록을 꼼꼼히 살펴볼 수 있도록 팀별로 충분한 시간을 준다. 전시 내용을 이해하지 못하는 학생이 있다면 도슨트에게 질문하는 시간을 주는 것도 좋다. 둘째, 도슨트를 희망하는 학생이 없다면 각 질문별로 가장 잘 쓴 학생을 도슨트로 선정한다. 교사가 이유 없이 학생을 지목하면 활동에 소극적으로 참여한다. 질문에 대한 답을 가장 잘 써서 도슨트로 지목했다고 알려 주면 학생이 기분이 좋아 능동적으로 참여한다. 셋째, 성정체성 등의 민감한 주제는 갤러리 워크로 진행하지 않으며, 개별 글쓰기로 진행한다.

> **'질문 갤러리 워크'를 지도할 때 참고하기 좋은 자료**
> 『질문 수업 레시피』 이성일 지음, 맘에드림

고전읽기 갤러리워크 활동지

학번:(　　　　　) 이름:(　　　　　)

♣ 관람한 내용, 도슨트의 설명 중 기억에 남는 부분을 자유롭게 쓰시오.

관찰	무엇을 보았는가? - 중심 내용 난민이 사회적으로 약자라고 생각했는데 그렇지 않고 우리와 다르지 않다는 걸 중심적으로 배웠다고 했는데 난민의 경우가 대부분 부조리에 정면으로 맞서던 분들인걸 알았기 때문에 더 공감갔다.
연결	무엇이 나와 연결되는가? 지금의 생활이 얼마나 안정적인지 느끼고 안도감이 들었다고 써져 있었는데, 난민 관련 활동을 하면서 가장 많이 했던 생각 같다.
놀람	무엇을 새로 알았는가? 편견은 주변으로 확장되어 퍼져 다른 사람에게도 영향을 끼친다는 점이 읽으면서도 새롭게 충격받는 기분이었다.
질문	무엇을 더 알고 싶은가? 조금 더 깊이 난민에 대해 알아보고 다른 나라에는 어떤 정책이 있는지 궁금하다. 덧붙여서 우리나라 정책과의 차이점도 알아보고 싶다.

질문 갤러리 워크 활동지

관람한 내용, 도슨트의 설명 중 기억에 남는 부분을 자유롭게 쓰시오.

관찰	무엇을 보았는가?-중심 내용
연결	무엇이 나와 연결되는가?
놀람	무엇을 새로 알았는가?
질문	무엇을 더 알고 싶은가?

참고문헌

1) 천경록 외. 2021. 활동 중심 독서 지도. 경기 : 교육과학사. 33
2) 천경록 외. 2021. 활동 중심 독서 지도. 경기 : 교육과학사. 40
3) 정혜승 외. 2008. 교과 학습 능력 향상을 위한 전략적 학습자 만들기. 경기 : 교육과학사. 142
4) 전보라. 2023. 수업에 바로 써먹는 문해력 도구. 서울 : 학교도서관저널. 95
5) 김담희. 2024.09.01. 나의 언어로 요약하는 힘. 아침독서신문. http://www.morningreading.org/article/2024/09/01/202409010900411405.html
6) 이진숙. 2016. '도해 구성'을 활용한 중학교 읽기 지도 방안 연구. 경남 : 인제대학교 교육대학원. 91
7) 이경화 외. 2007. 교과 독서와 세상 읽기. 서울 : 박이정. 255
8) 김영규. 2022.09.25. 112에 수육국밥 주문한 여성... 이유는?. 국제뉴스. https://www.gukjenews.com/news/articleView.html?idxno=2557785
9) 백희정. 2023. 질문에 관한 질문들. 서울 : 노르웨이숲. 126
10) 댄 로스스타인. 2017. 한 가지만 바꾸기. 서울 : 사회평론아카데미. 85
11) 이성일. 2021. 메타인지 수업. 서울 : 경향BP. 178
12) 모린 맥러플린 외. 2023. 독해 안내하기. 서울 : 역락. 202
13) 크리스 토바니. 2020. 읽어도 도대체 무슨 소린지. 경기 : 연암서가. 79
14) 모린 맥러플린 외. 2023. 독해 안내하기. 서울 : 역락. 230
15) 백희정. 2023. 질문에 관한 질문들. 서울 : 노르웨이숲. 89
16) 에릭 M. 프랜시스. 2020. 이거 좋은 질문이야!. 서울 : 사회평론아카데미.
17) 김재인. 2024. 인간은 아직 좌절하지 마. 서울 : 우리학교. 36
18) MILNER LIBRARY(2024.11.17.). Determine Credibility(Evaluating). guides.library.illinoisstate.edu/evaluating/craap

19) 전보라. 2023. 수업에 바로 써먹는 문해력 도구. 서울 : 학교도서관저널. 128
20) 노승영. 2023.6/7월호. 이해하라: 챗GPT와 번역. 릿터. 서울 : 민음사. 39
21) 백희정. 2023. 질문에 관한 질문들. 서울 : 노르웨이숲. 138
22) 권영부. 2021. 미디어 리터러시 교육 어떻게 할 것인가. 서울 : 지식프레임. 80
23) 자신이 지닌 기존의 관점을 강화하는 정보를 반복하여 습득하는 현상으로 '반향실 효과'라고도 부른다.
24) 전휘목. 2024. 뉴스레터를 활용한 한국어 읽기 교육 방안. 서울 : 연세대학교. 47
25) MAP. 2023.10.27. 난민재신청자. https://stibee.com/api/v1.0/emails/share/Rgg62S9fJg5SI4ZQ_baT5nSmhfdIBBE
26) 나오미 배런. 2023. 다시, 어떻게 읽을 것인가. 서울 : 어크로스. 268
27) International Federation of Journalists. 2021.02.04. 66 Journalists Killed in 2020 by region.https://www.ifj.org/media-centre/news/detail/category/press-releases/article/66-journalists-were-killed-in-2020
28) MAP. 2021.7.21. 캐나다 언론인 난민 정책. https://stibee.com/api/v1.0/emails/share/zGraiveZe5QKqm-04F8_09jM1LozAg
29) 윤한나. 2022. 빅데이터 활용 탐구 수업의 설계 효과. 충북 : 한국교원대학교. 5
30) RAG(Retrieval-Augmented Generation)란 AI에 학습되지 않은 정보를 최신의 검색 기술을 사용해서 사용자의 질문에 가장 가까운 정보를 찾아 AI에게 제공하여 답변을 생성하게 하는 기술이다. 신뢰할 수 있는 지식을 기반으로 AI가 답변을 생성하게 되어 환각 현상을 줄일 수 있다.
31) DAIR.AI. 2024.09.10. Retrieval Augmented Generation (RAG). https://www.promptingguide.ai/kr/techniques/rag
32) 등촌고 윤지영 사서교사 네이버 블로그. 2023.04.27. 기하 수행평가 지원. https://blog.naver.com/libraryun2019/223085344464
33) 김소진. 2024.11.01. 인공지능과 함께하는 내일의 수업. 아침독서신문. http://www.morningreading.org/article/2024/11/01/202411010900391416.html

34) 론 리치하트 외. 2023. 생각이 보이는 교실. 서울 : 사회평론아카데미. 170

35) 전보라. 2023. 수업에 바로 써먹는 문해력 도구. 서울 : 학교도서관저널. 55

36) Ruth Helen Yopp. 2015. 읽기 이해 교수방법. 서울 : 학지사. 162

37) 김광희 외. 2019. 미디어 리터러시 수업. 서울 : 휴머니스트. 155

38) 이병기. 2020. 정보활용교육론. 대구 : 태일사. 322

39) 조지은. 2024. 미래 언어가 온다. 서울 : 미래의창. 168

40) 이은경. 2020.05.07. 이것은 이모티콘인가 이모지인가?. 영남일보. https://www.yeongnam.com/web/view.php?key=20200506010000617

41) 영화 <해적>의 배우들이 이모지로 자신이 맡은 캐릭터를 설명하는 영화 소개 영상을 학생들에게 보여 주었다. 배우들이 이모지를 사용하여 캐릭터를 소개하는데 특히 이광수 배우가 '막이' 캐릭터를 '☐'으로 표현하고, 그 이유를 여러 사람이 만만하게 두드려보는 '동네북'으로 표현한 부분이 재치 있다. https://www.youtube.com/watch?v=RAbzGvmkRjM&feature=youtu.be(검색일자 : 2024.05.03.)

42) 최용훈. 2024. 책 속 캐릭터가 팡팡 북모티콘 만들기. 서울 : 학교도서관저널. 53

43) 김성우. 2024. 인공지능은 나의 읽기-쓰기를 어떻게 바꿀까. 경기 : 유유. 51

44) DAIR.AI. 2024.09.10. Chain-of-Thought Prompting. https://www.promptingguide.ai/kr/techniques/cot

45) 김가람 외. 2023. 챗GPT 국어 수업. 경기 : 서해문집. 71

46) 로버트 마르자노 외. 2017. 학생 탐구 중심 수업과 질문 연속체. 서울 : 사회평론아카데미.

47) 김성우. 2024. 인공지능은 나의 읽기-쓰기를 어떻게 바꿀까. 경기 : 유유. 456

48) 김귀훈 외. 2017. 생성형 AI 교육자료: ChatGPT 사례 중심으로. 서울 : 서울시교육청. 61-64

49) 권정민. 2024. 챗GPT로 레벨업. 서울 : 학지사. 319

50) AI4SCHOOL. 2024.09.30. AI협력수업4-AI와 함께 만드는 PLAYLIST. http://ai4school.org/?page_id=12178

51) 최서은. 2023.09.28. AI는 '인간 노동력 착취'를 먹고 자란다. 경향신문. https://www.khan.co.kr/world/world-general/article/202309281243011

52) 댄 로스스타인. 2017. 한 가지만 바꾸기. 서울 : 사회평론아카데미. 188

53) 권정민. 2022. 최고의 블렌디드 러닝. 서울 : 사회평론아카데미. 219

54) 마릴리 스프렌거. 2022. 7단계 수업전략 7R. 서울 : 교육을바꾸는사람들. 93

55) 로버트 마르자노 외. 2017. 학생 탐구 중심 수업과 질문 연속체. 서울 : 사회평론아카데미. 142

56) 마릴리 스프렌거. 2022. 7단계 수업전략 7R. 서울 : 교육을바꾸는사람들. 96

57) 송승훈. 2019. 나의 책 읽기 수업. 서울 : 나무연필. 178

58) 이성일. 2024. 질문 수업 레시피. 서울 : 맘에드림. 243

59) 조병영. 2022. 조병영의 문해력 수업. 서울 : 아이스크림연수원 제19강